믿는다는 것

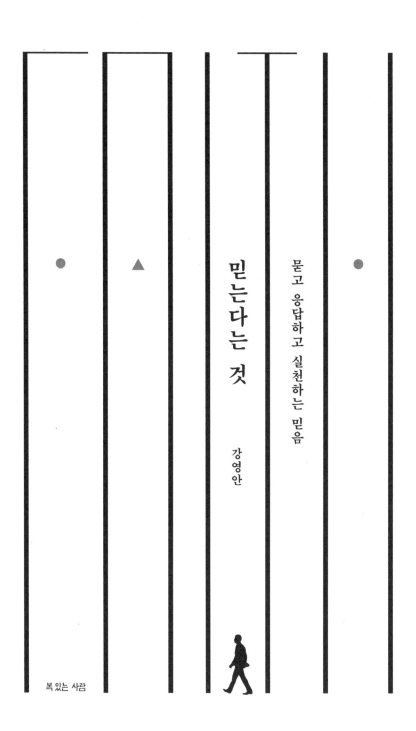

믿는다는 것

묻고 응답하고 실천하는 믿음

강영안

복 있는 사람

믿는다는 것

2018년 3월 30일 초판 1쇄 발행
2021년 12월 10일 초판 6쇄 발행

지은이 강영안
펴낸이 박종현

㈜ 복 있는 사람
주소 서울특별시 마포구 연남동 246-21 (성미산로23길 26-6)
전화 02-723-7183 (편집), 7734 (영업·마케팅)
팩스 02-723-7184
이메일 hismessage@naver.com
등록 1998년 1월 19일 제1-2280호

ISBN 978-89-6360-246-2 03230

이 도서의 국립중앙도서관 출판예정도서목록(CIP)은
서지정보유통지원시스템 홈페이지(http://seoji.nl.go.kr)와 국가자료공동목록시스템
(http://www.nl.go.kr/kolisnet)에서 이용하실 수 있습니다. (CIP 제어번호: 2018006489)

믿음으로 삶의 여정을
꿋꿋이 걸어가기를 열망하는 이에게

신앙의 길에 들어선 지 오래되었습니다. 그럼에도 믿음이 무엇인지, 어떻게 믿어야 제대로 믿는지 궁금할 때가 많았습니다. 내가 정말 제대로 믿고 있는가, 하는 자책도 여기에 당연히 곁들여 있었습니다. 그래서 강의나 설교 요청을 받았을 때 '믿음'을 주제로 생각해 보게 되었습니다. 가르치거나 증언하기에 앞서 '믿는다는 것'이 무엇인지, 어떻게 믿어야 제대로 믿는지 제 자신이 먼저 명료하게 이해하고 싶었기 때문입니다.

이 책은 그렇게 쌓아 온 생각들을 '질문', '응답', '실천' 세 단어를 중심으로 연결하여 강의 형식으로 정리한 것입니다. 이 가운데 1강은 기독교세계관동역회에서 발행하는 『월드뷰』(2011년 3월)에 실었던 글과 2012년 봄에 주님의 보배교회에서

했던 설교가 바탕이 되었습니다. 2강은 2012년 봄 주님의 보배교회에서 한 설교와 2012년 가을 사천 삼한교회 청년들에게 한 강의를 바탕으로 쓴 글이고, 3강은 2011년 봄 미시간 그랜드래피즈 한인교회와 2011년 7월 시카고 코스타 모임에서 세 차례 한 강의 중 두 번째 강의 원고였습니다. 4강은 2012년 출간한 공동저작 『한국 교회, 개혁의 길을 묻다』(새물결플러스)에 실었던 글 '교회 안의 반지성주의, 어떻게 극복할 것인가?'가 바탕이 되었습니다.

믿음은 '믿음의 행위'와 '믿음의 대상과 내용'을 모두 지칭합니다. 그러므로 믿음에 관해서 생각하려면 누구를 믿는지, 무엇을 믿는지(믿음의 대상과 내용) 그리고 한 걸음 물러나서 믿는다는 것이 무엇인지(믿는 행위, 믿음의 행위)를 묻지 않을 수 없습니다. 신학 가운데 교의학(조직신학)이 믿음의 대상과 내용에 관한 물음에 답을 주려고 애써 왔습니다. 왜냐하면 교의학은 교회 공의회에서 결정된 믿음의 근본 내용^{dogma, 교의}을 체계적으로 다루는 신학의 분야이기 때문입니다. 믿음의 내용은 바른 신앙생활에 매우 중요합니다. 무엇을, 왜 믿는지 제대로 이해하지 않고서 신앙생활을 바르게 할 수 없는 것은 분명합니다.

그런데 저는 이 책에서 믿음의 내용보다 믿음의 행위에 관심을 두었습니다. 믿는다는 것이 무엇인지, 우리가 믿는다고 할 때 무슨 일이 일어나는지, 믿는 행위를 어떻게 이해해야 하는지, 믿을 때 어떻게 믿어야 제대로 믿는 것인지, 이런 물음을 가지고 믿음을 생각해 보았습니다. 저의 생각은 믿음의 현상을 드러내고(믿음의 현상학), 믿음의 의미를 묻고(믿음의 해석학), 믿음의 방식을 물어보는(믿음의 윤리학) 방식으로 전개됩니다. 어떤 문제를 다루더라도 이렇게 묻고 생각하는 것이 제 자신이 철학하는 방법입니다.

이 과정을 통해 저는 우리가 믿게 된 순간의 믿음('순간적 믿음')과 그로 인해, 그와 더불어 삶을 살아가는 믿음('지속적 믿음')의 연속성을 보게 되었습니다. 우리가 예수 그리스도를 구주로, 주님으로 믿는 순간, 믿음 이전과 믿음 이후가 확연하게 구별됩니다. 이때 믿음은 순간적 의미를 갖는다고 저는 생각합니다. 그런데 믿음은 여기서 멈추지 않고 삶을 통해 지속됩니다. 삶을 통해 지속되는 이 믿음과 그와 연관된 소망과 사랑으로 우리는 이 땅을 살아갑니다.

이 책이 나오기까지 여러 가지로 빚진 분들께 감사의 말을 전하며 글을 맺겠습니다. 우선, 글을 요청해 주신 기독교세계관 동역회 『월드뷰』 편집책임자와 새물결플러스 출판사 김요한 대표, 설교와 강의를 요청해 주신 주님의 보배교회와 삼한교회, 그랜드래피즈 한인교회, 그리고 미주 코스타 운영위원회에 감사를 드립니다. 그러한 요청이 없었다면 이 보잘것없는 글을 쓸 수 없었을 것입니다.

또한 원고를 읽고 여러 가지 제안을 해준 IVF 김종호 대표, IVF 한국복음주의운동연구소 이강일 소장, 미시간 미들랜드 교회 김재신 장로, 오지영 전도사, 이스트랜싱 새소망교회 유성렬, 정상인 집사 부부, 이곳 칼빈신학대학원에서 신학석사 과정 중인 신주영 목사에게 감사드립니다. 일원동교회 배준완 목사, 서지현 사모 부부는 원고를 검토하고 적용 및 나눔을 위한 질문을 만들어 주었습니다. 마지막으로 원고가 모여 책으로 완성되어 나오기까지 수고하신 복 있는 사람 출판사 박종현 대표와 문신준 팀장, 그리고 편집과 디자인을 맡아 주신 문준호 편집자와 박은실 디자이너에게 감사드립니다. 아무쪼록 이 책이 믿음에 대해 생각해 보는 일에 조금이라도 도움이 되면 좋겠습니다.

2018년 3월 미시간 그랜드래피즈에서
강영안

차례

1

질문하는
믿음 • 25

2

응답하는
믿음 • 73

들어가는 말: 믿음, 소망, 사랑

그리스도인의 삶의 방식, 삶의 방향, 삶의 근본 태도를 보여주는 '기본 단어' 혹은 '열쇠 말'Key Words을 들어 보라 하면, 여러분은 무엇을 드시겠습니까? 저는 '믿음', '소망', '사랑'을 꼽고 싶습니다. 이보다 훨씬 더 중요한 단어, 중요한 단어 묶음이 있을 수 있겠지만, 이 세 단어만큼 이어지면서도 구별된 그리스도인의 삶의 모습을 담아내는 단어는 없지 않을까 생각합니다.

믿음과 소망과 사랑, 조금 오래된 한자 표현으로 신망애信望愛, 이 세 단어는 그리스도인 한 개인의 삶뿐만 아니라, 그리스도인이 한 일원으로 소속된 교회 공동체의 삶을 다른 종류의 공동체와 구별해 주는 단어입니다. 그리스도인의 공동체인 교회는 믿음의 공동체요, 소망의 공동체요, 사랑의 공동체입니다. 그

뿌리는 예수 그리스도께 있습니다. 만일 예수 그리스도를 통하지 않는다면, 그리고 그분의 영이신 성령 하나님과 그분의 아버지시고 우리의 아버지시기도 한 아버지 하나님께 뿌리를 두지 않는다면, 믿음과 소망과 사랑을 이야기할지라도 그러한 이야기는 말과 단어, 느낌이나 바람에 그칠 뿐 현실에 근거한 것이 아니라고 보아야 할 것입니다.

그렇기 때문에 기독교 전통을 돌아보면 믿음, 소망, 사랑, 이 세 가지 미덕, 이른바 '신학적 미덕'theological virtues에 대한 관심은 지대했습니다. 아우구스티누스*는 기독교 신앙을 간명하게 해설해 달라는 라우렌티우스▲의 부탁을 받고는 『믿음, 소망, 사랑에 대한 교본』을 썼습니다. 여기서 아우구스티누스는 사도신경의 신앙고백이 믿음에 관한 가장 소중한 내용을 담고 있다고 보고 이것을 믿음과 관련해서 해설하고 있습니다. 소망과 관련해서는 기도를 언급하고, 사랑과 관련해서는 하나님의 사랑의 계명을 이야기하고 있습니다. 아우구스티누스는 이 세 가지

● 북아프리카 히포의 주교(354-430). 체계적인 교리서를 쓰지는 않았지만 방대한 저술을 통해 서방교회 신학 전통 형성에 가장 크게 기여한 신학자요 철학자다. 저서로는 『고백록』, 『신국론』, 『삼위일체론』 등이 있다.

▲ 로마 황제가 임명한 호민관 둘키티우스의 형제로, 421년경 그의 부탁을 받고 아우구스티누스가 이 글을 쓴 것으로 알려져 있다.

가 신앙 교육의 근간이라고 보는 전통을 세웠고, 나중에 루터*와 칼뱅▲도 이 전통을 고스란히 계승하였습니다. 루터의 경우는 『대교리문답』과 『소교리문답』을, 칼뱅의 경우에는 『기독교 강요』를 쓰면서 십계명과 사도신경과 주기도문 등을 해설합니다.

아시다시피 믿음, 소망, 사랑을 함께 언급한 사도는 바울입니다. 바울은 고린도 교회에 보낸 첫 번째 편지에서, 여러 은사들 중 사랑에 관해서 길게 말한 다음 "그런즉 믿음, 소망, 사랑, 이 세 가지는 항상 있을 것인데 그중의 제일은 사랑이라"고 끝맺었습니다(고전 13:13).

그런데 처음부터 유념해야 할 것은, 사랑이 제일이라고 말한다고 해서 바울이 믿음과 소망을 사랑에 종속시킨 것은 아닙니다. 각각의 미덕은 동등하게 강조됩니다. 예를 들어 데살로니가전서 5:8을 보면, 바울은 "우리는 낮에 속하였으니 정신을 차리고 **믿음**과 **사랑**의 호심경을 붙이고 구원의 **소망**의 투구를 쓰

● 독일의 신학자(1483-1546). 1517년 로마 교황청의 면죄부 판매에 반대하여 발표한 '95개조 논제'를 시발로 『교회의 바벨론 포로』, 『독일 그리스도인 귀족에게 고함』 등의 논문을 통해 교회 개혁 운동을 이끌었다.

▲ 프랑스 출신의 신학자(1509-1564). 스위스 제네바를 중심으로 활동했으며 하나님의 주권과 영광, 인간의 부패를 강조하는 동시에 학문과 예술, 인간의 법과 공동체를 하나님이 주신 귀한 선물(은혜)로 보는 신학의 토대를 놓았다.

자"고 말합니다. 그리스도인에게는 믿음과 사랑과 소망 모두가 필요합니다. 어느 하나를 제외하고서는 그리스도인다운 삶을 살 수 없습니다.

골로새서 1:4-5을 보면, 바울은 "이는 그리스도 예수 안에 너희의 **믿음**과 모든 성도에 대한 **사랑**을 들었음이요 너희를 위하여 하늘에 쌓아 둔 **소망**으로 말미암음이니 곧 너희가 전에 복음 진리의 말씀을 들은 것이라"고 말합니다. 데살로니가전서 1:3에서도 바울은 "너희의 **믿음**의 역사와 **사랑**의 수고와 우리 주 예수 그리스도에 대한 **소망**의 인내를 우리 하나님 아버지 앞에서 끊임없이 기억함이니"라고 말합니다. 단순히 믿음, 사랑, 소망이 아니라 "믿음의 역사", "소망의 인내", "사랑의 수고"를 말합니다. 믿음의 결과가 '역사' 곧 '일'이고, 소망의 결과가 '인내'이며, 사랑의 결과가 '수고'임을 바울은 드러내 밝혀 줍니다.

그러므로 믿음이 있다고 하면서 믿음의 열매가 삶으로, 행위로 드러나지 않는다면 참된 믿음이 아니라 해야 하고, 소망이 있다고 하면서 인내의 모습이 없다면 참 소망이 없다고 해야 하며, 사랑이 있다고 하면서 사랑에 수반되는 수고가 없다면 참 사랑이 아니라 해야 할 것입니다. 이 세 가지 믿음과 소망과 사랑은 성령의 임재와 도우심을 따라 예수 그리스도의 이름으로 하나님 아버지를 참되게 섬기는 공동체에서는 어디서나 드러나기 마련입니다.

만일 시간 개념을 믿음과 소망과 사랑에 적용한다면 우리는 어떻게 말할 수 있겠습니까? 믿음은 과거에 가졌을 뿐만 아니라 현재와 미래를 살아가는 데도 필요합니다. 만일 그리스도를 믿는 믿음의 사람이라면, 믿음은 단순히 과거에 가진 태도일 뿐 아니라 현재 삶의 기본이며 미래의 삶을 살아가는 바탕입니다. 믿음의 시작이 있지 않았다고 생각해 보십시오. 내가 예수 그리스도를 나의 구주로, 나의 주님으로, 삶의 길을 보여주시고 앞서가신 나의 삶의 모범으로 받아들인 경험이 없다면, 나는 지금 믿음을 가질 수 없을 것이고, 그 믿음으로부터 소망과 사랑이 나오지 않을 것입니다. 그러므로 믿음의 시간 중심을 우리는 일단 과거에 둘 수 있습니다. 믿음은 한때 예수 그리스도를 주로 받아들이고 그분을 따라 살아가겠다고 한 삶의 결단과 변화에서 시작하여, 현재 나의 삶과 미래의 삶을 떠받쳐 주는 바탕, 기초, 기반이라 할 수 있습니다.

그렇다면 소망의 시간 중심은 어디입니까? 지금 이 시간 내가 참고 기다리고 고난과 어려움을 감내할 수 있는 것은, 예수 그리스도를 통해 주어질 미래에 희망을 걸기 때문입니다. 소망은 미래로 향해 있습니다. 마지막으로 사랑은 어떻습니까? 사랑은 말이나 생각뿐 아니라 삶으로, 행동으로 지금, 여기서 드러납니다. 과거에 사랑했을 수 있고 미래에도 사랑을 할 수 있습니다. 그러나 사랑한다고 할 때는 언제나 현재, 언제나 지금입니다. 그러므로 믿음이 과거에 중심을 두고 있고 소망이 미래에 중심을 두고 있다면, 사랑은 현재에 중심을 두고 있다고 할 수 있습니다. 그렇다고 해서 믿음이 과거에만 머물고 소망이 미래에만 머물며 사랑이 현재에만 머문다고 할 수 없습니다. 고린도전서 13:13은 "믿음, 소망, 사랑, 이 세 가지는 항상 있을 것인데"라고 말합니다. 믿음과 소망과 사랑은 **항상** 있을 것이기 때문에 미래에도 있겠지만 무엇보다 현재 함께 있습니다.

그러나 무엇이 앞서고 무엇이 바탕이 되느냐고 묻는다면, 저는 믿음의 결과가 사랑이고 사랑의 결과가 소망이라고 말하겠습니다. 성경을 보면 사랑을 먼저, 그리고 뒤따라 믿음을 언급한 구절들이 가끔 있습니다. 예를 들어 빌레몬서 1:5을 보면, 바울은 "주 예수와 및 모든 성도에 대한 네 사랑과 믿음이 있음을 들음이니"라고 말합니다. 요한계시록 2:19도 사랑을 믿음에 앞서 언급합니다. "내가 네 사업과 사랑과 믿음과 섬김과 인내를 아노니 네 나중 행위가 처음 것보다 많도다." 그러나 대부분의 경우에는 믿음이 사랑보다 먼저 언급됩니다. 디모데후서 3:10을 보면, 바울은 "나의 교훈과 행실과 의향과 믿음과 오래 참음과 사랑과 인내와"라고 말합니다. 골로새서 1:4에서도 사랑에 앞서 믿음을 언급합니다. "그리스도 예수 안에 너희의 믿음과 모든 성도에 대한 사랑을 들었음이요." 비슷한 구절이 에베소서 1:15에도 있습니다. "이로 말미암아 주 예수 안에서 너희 믿음과 모든 성도를 향한 사랑을 나도 듣고." 디모데전서 1:14에서도 바울은 믿음을 먼저 들고 이어서 사랑을 거론합니다. "우리 주의 은혜가 그리스도 예수 안에 있는 믿음과 사랑과 함께 넘치도록 풍성하였도다."

사랑이 믿음에서 나온다는 말을 바울이 명시적으로 드러낸 경우가 있습니다. 디모데전서 1:5을 보면, 바울은 "이 교훈의 목적은 청결한 마음과 선한 양심과 거짓이 없는 믿음에서 나오는 사랑이거늘"이라고 말합니다. 사랑을 일컬어 "청결한 마음"과 "선한 양심"과 "거짓이 없는 믿음"에서 나오는 것이라고 말합니다. 믿음은 여기서 사랑을 일으키는 여러 조건 가운데 하나로 지목됩니다.

그런데 갈라디아서 5:6에서 "그리스도 예수 안에서는 할례나 무할례나 효력이 없으되 사랑으로써 역사하는 믿음뿐이니라"고 바울이 쓴 것을 보면, 사랑 없이 믿음이 가능합니다. 다시 말해 사랑의 열매가 없는 믿음이 가능하지만 그것은 효력이 없고, 만일 믿음이 효력이 있으려면 사랑이 결과로 따라와야 함을 강조합니다. 고린도전서 13:2에서 바울이 "내가 예언하는 능력이 있어 모든 비밀과 모든 지식을 알고 또 산을 옮길 만한 모든 믿음이 있을지라도 사랑이 없으면 내가 아무것도 아니요"라고 한 말 또한 같은 맥락에서 읽을 수 있습니다. 믿음이 있다고 하지만 그로부터 사랑이 우러나오지 않는다면, 그 믿음은 아무것도 아니라는 말입니다.

아마 사랑의 경우도 마찬가지일 것입니다. 사랑의 열매가 있다고 하지만 만일 믿음에서 나온 사랑이 아니라면, 그것이 일시적인 것에 지나지 않는다고 생각해 볼 수 있습니다. 바울이 에베소 교회에 보낸 편지에서 "아버지 하나님과 주 예수 그리스도께로부터 평안과 믿음을 겸한 사랑이 형제들에게 있을지어다"(엡 6:23)라고 쓸 때, 형제들에게 "믿음을 겸한 사랑"이 있기를 바란 것은 겉으로 드러난 사랑이 아니라 그 사랑을 가능하게 한 믿음이 그 바탕에 있기를 원했기 때문이라고 추정해 볼 수 있습니다. 일시적 사랑 또는 감정에 따른 사랑이 가능하더라도, 참된 사랑은 믿음을 바탕으로 한 사랑, 믿음에서 우러난 사랑이라고 해야 할 것입니다.

그렇다면 이어서 물어볼 수 있습니다. 소망은 어떻습니까? 소망은 믿음과 사랑과 어떤 관련이 있습니까? 소망에 대해서 성경에 나타난 일관된 생각은 '오직 하나님께 소망을 둘 수 있다는 것'입니다. 디모데전서 4:10을 보면 바울은 이렇게 말합니다. "이를 위하여 우리가 수고하고 힘쓰는 것은 우리 소망을 살아 계신 하나님께 둠이니." 소망을 오직 하나님께만 둔다는 것은 구약성경에서도 낯설지 않은 생각입니다. 시편 39:7을 보면, "주여, 이제 내가 무엇을 바라리요. 나의 소망은 주께 있나이다"라는 구절이 있습니다. 시편 71:5은 "주 여호와여, 주는 나의 소망이시요 내가 어릴 때부터 신뢰한 이시라"고 말합니다. 그러므로 소망은 믿음과 사랑과 마찬가지로 다 같이 하나님께 뿌리를 둔다고 보아야 옳을 것입니다. 소망은 무엇보다 삼위 한 분 되신 하나님께 둔 소망입니다. 소망은 믿음과 사랑과 마찬가지로 하나님 아버지께서 성령을 통해 예수 그리스도 안에서 우리 안에 빚어 주시지 않는다면 우리 안에 생길 수 없는 근본 미덕입니다.

순서로 보자면, 우리 속에 먼저 믿음이 심겨지고, 이로부터 하나님 사랑과 이웃 사랑이 나오고, 이를 통해서 소망이 가능합니다. 만일 하나님에 대한 믿음과 사랑 그리고 이웃 사랑이 없다면, 우리 속에 소망이 생길 수 없습니다. 로마서 5장 말씀을 보십시오. 믿음에서 시작하여 소망으로 끝납니다.

그러므로 우리가 믿음으로 의롭다 하심을 받았으니 우리 주 예수 그리스도로 말미암아 하나님과 화평을 누리자. 또한 그로 말미암

아 우리가 믿음으로 서 있는 이 은혜에 들어감을 얻었으며 하나
님의 영광을 바라고 즐거워하느니라. 다만 이뿐 아니라 우리가
환난 중에도 즐거워하나니 이는 환난은 인내를, 인내는 연단을,
연단은 소망을 이루는 줄 앎이로다.   롬 5:1-4

바울은 행위나 율법으로가 아니라 오직 믿음으로 의롭게 되었
기 때문에 우리가 하나님과 화평을 누릴 수 있다고 말합니다.
이로 인해 우리는 환난 중에서도 즐거워할 수 있습니다. 그렇
게 할 수 있는 까닭은 환난이 인내를, 인내는 연단을, 연단은 소
망을 이루기 때문입니다. 그런데 이 소망이 우리를 실망시키
지 않는 이유는 성령으로 말미암아 예수 그리스도를 통해서 우
리 마음에 부으신 하나님의 사랑 때문이라고 바울은 이어서
증거합니다.

소망이 우리를 부끄럽게 하지 아니함은 우리에게 주신 성령으로
말미암아 하나님의 사랑이 우리 마음에 부은 바 됨이니 우리가
아직 연약할 때에 기약대로 그리스도께서 경건하지 않은 자를 위
하여 죽으셨도다.……우리가 아직 죄인 되었을 때에 그리스도께
서 우리를 위하여 죽으심으로 하나님께서 우리에 대한 자기의 사
랑을 확증하셨느니라.   롬 5:5-8

소망은 예수 그리스도로 말미암아 의롭게 되는 믿음과 우리를 향한 하나님의 사랑에서 비롯됩니다.

그런데 그 역도 참입니다. 우리의 믿음과 사랑이 줄곧 힘을 발휘하고 실천될 수 있는 것은 삼위 한 분이신 하나님께 둔 소망 때문입니다. 소망이 있기 때문에 그리스도인은 믿음을 끝까지 지켜 살아갈 뿐 아니라, 자신에게 고통이 되고 손해가 되더라도 사랑을 드러내는 삶을 살 수 있습니다. 그러므로 믿음, 소망, 사랑, 이 셋은 참된 삶을 위해서는 서로 떨어질 수 없습니다.

그러면 이제 믿음이 무엇인지, 믿음을 어떤 방식으로 생각해 볼 수 있는지 함께 생각해 보면 좋겠습니다. 먼저 질문 또는 물음이 믿음과 어떤 관련이 있는지 생각해 보겠습니다. 그런 다음, 반응을 보이고 응답하고 부름에 응하는 믿음의 모습이 어떻게 드러나는지 살펴보겠습니다. 이 과정을 통해 믿음이 어떤 방식으로 형성되는지, 어떤 과정이 발생하는지, 믿음이 어떻게 한 순간의 결단과 연결되면서 이어지는 삶 속에서 끊이지 않고 지속되는지 들여다보겠습니다. 이 작업이 어느 정도 이루어지면 삶과 믿음이 어떻게 연결되는지, 믿음이 왜 윤리와 무관할 수 없는지 살펴보겠습니다. 질문하는 믿음, 응답하는 믿음, 실천하는 믿음의 모습을 그려 본 다음 우리의 믿음이 왜 지성을 추구해야 하는지, 그리고 지성의 바탕에 왜 우리의 감성과 의지가 근원적 동력으로 깔려 있어야 하는지, 여러분 앞에 서서 강의를 하듯 이야기를 이어가 보겠습니다.

1강
·
질문하는 믿음

믿음이란 무엇일까요? 우리말을 이해한다면 '믿음'이 무엇인지 알지 못하는 사람은 없을 것입니다. 믿음을 정확하게 정의하거나 설명하지 못한다고 하더라도 말을 서로 주고받을 정도가 되면 믿음이 무엇인지, 어떤 뜻인지 누구나 알고 있다고 가정해도 될 것입니다. 그런데 왜 믿음입니까? 왜 믿음을 이야기해야 합니까?

사실 믿음 없이는 우리의 삶이 가능하지 않습니다. 우리의 삶에 믿음이 완전히 결여되어 있다고 생각해 보십시오. 그렇다면 우리는 음식을 먹을 수도 없고, 버스를 타고 이동할 수도 없고, 집에 누워 잠을 잘 수도 없고, 물건을 사고팔 수도 없습니다. 우리는 우리가 먹는 음식이 안전하다고 믿고 먹습니다. 버스를 탈 때 우리는 버스가 목적지까지 안전하게 우리를 데려다주리라는 믿음을 가지고 버스를 탑니다. 잠을 잘 때도 우리가 살고 있는 집이 무너지지 않으리라는 믿음이 우리에게 있습니다. 가게에서 물건을 살 때도 물건에 이상이 없다는 믿음을 가지고 물건을 삽니다. 물건을 파는 사람은 받은 지폐가 가짜 지폐가 아니라는 믿음으로 물건을 내어 줍니다. 믿음은 일상의 기초입니다. 한 국가, 한 조직, 한 가정도 믿음 없이는 존립할 수 없습니다. '무신불립'無信不立 곧 "믿음이 없으면 서지 못한다"는 『논어』의 한 구절이 사람들의 동의를 쉽게 얻은 것도 믿음 없이는 사람이 살 수 없기 때문입니다.

예수를 메시아로 믿는 사람들

그리스도인은 누구보다도 믿음을 소중하게 여기는 사람입니다. 아니, 단순히 믿음을 소중히 여길 뿐 아니라 자신의 정체성이 그리스도를 믿는 '믿음'으로 확인된 사람이 바로 그리스도인입니다. 그래서 그리스도인을 줄여서 '신자'라고 합니다. 성경에서 오순절 성령 강림 이후의 사건을 기록한 부분(사도행전 2장)을 보십시오. 성령으로 충만한 예수의 제자들은 유대인과 예루살렘 사람들에게 담대하게 예수를 전하기 시작합니다.

베드로가 열한 사도와 함께 서서 소리를 높여 이르되 유대인들과
예루살렘에 사는 모든 사람들아, 이 일을 너희로 알게 할 것이니
내 말에 귀를 기울이라. 때가 제 삼 시니 너희 생각과 같이 이 사
람들이 취한 것이 아니라.

행 2:14-15

베드로는 그들이 성령으로 충만한 것은 술에 취한 것이 아니라
선지자 요엘의 예언이 성취된 것임을 성경을 인용하여 설명합니
다. 누구든지 주의 이름을 부르는 자에게는 이때가 곧 구원의 날
이 될 것임을 주장한 것이 그의 첫 번째 메시지입니다. 오순절 성
령 강림이 곧 구원의 때임을 역설한 것이지요(행 2:16-21). 베드
로의 두 번째 메시지는 예수 그리스도의 권능과 표적, 십자가에
못 박혀 죽으시고 부활하신 사건에 대한 증언이며(행 2:22-35),
세 번째 메시지는 십자가에 못 박힌 나사렛 예수를 하나님께서
주와 그리스도가 되게 하셨다는 증언입니다(행 2:36).

베드로의 설교를 듣고 마음이 찔린 이스라엘 백성은 베드
로와 다른 사도들에게 묻습니다.

형제들아, 우리가 어찌할꼬.

행 2:37

이와 같이 말씀을 들은 사람들의 첫 반응은 **물음**이었습니다. 질

문을 던진 것입니다. 그들이 던진 질문은 단순한 호기심에서 우러난 질문이 아니었습니다. 화급하고도 절박한 질문이었습니다. 만일 질문을 던지지 않았다면, 그냥 듣고 한 귀로 흘려 버렸다면, 아니면 베드로의 말에 곧장 반박했더라면, 그들은 새로운 삶의 길에 들어서지 못했을 것입니다. 그들은 물었습니다. "형제들아, 우리가 어찌할꼬?" 이에 베드로가 대답합니다.

> 회개하여 각각 예수 그리스도의 이름으로 세례를 받고 죄 사함을 받으라. 그리하면 성령의 선물을 받으리니 이 약속은 너희와 너희 자녀와 모든 먼 데 사람 곧 주 우리 하나님이 얼마든지 부르시는 자들에게 하신 것이라.
>
> 행 2:38-39

베드로의 권유를 보십시오. 그는 먼저 **회개**를 말했습니다. 회개는 그리스어로 '메타노이아'*metanoia*라고 합니다. 생각을 바꾼다는 말입니다. 좀 더 확장하면 생각하는 방식, 삶의 가치, 삶의 방식을 바꾼다는 뜻입니다. 따라서 회개하라는 말은 지금까지 따르던 삶의 길, 삶의 방식, 삶의 가치를 버리고 새로운 사고와 삶의 방식을 가지라는 말입니다. 그런데 보십시오. 예수께서 처음 사역을 시작했을 때 선포한 것이 무엇입니까?

때가 찼고 하나님의 나라가 가까이 왔으니 회개하고 복음을 믿
으라.

막 1:15

베드로도 예수를 따라, 성령의 오심으로 구원의 때가 열렸으니
이제 삶의 태도, 생각의 방식을 바꿔 예수의 이름으로 **세례**를
받고 **죄 사함**을 받으라고 권합니다. 베드로의 말에 사람들이 어
떤 반응을 보였을까요?

> 그 말을 받은 사람들은 세례를 받으매 이날에 신도의 수가 삼천
> 이나 더하더라. 그들이 사도의 가르침을 받아 서로 교제하고 떡
> 을 떼며 오로지 기도하기를 힘쓰니라. 사람마다 두려워하는데 사
> 도들로 말미암아 기사와 표적이 많이 나타나니 믿는 사람이 다
> 함께 있어 모든 물건을 서로 통용하고 또 재산과 소유를 팔아 각
> 사람의 필요를 따라 나눠 주며 날마다 마음을 같이하여 성전에
> 모이기를 힘쓰고 집에서 떡을 떼며 기쁨과 순전한 마음으로 음식
> 을 먹고 하나님을 찬미하며 또 온 백성에게 칭송을 받으니 주께
> 서 구원받는 사람을 날마다 더하게 하시니라.

행 2:41-47

본문을 잘 보십시오. 베드로의 설교에 적극적으로 반응한 사람
들을 어떻게 묘사하고 있습니까? 성령 강림과 예수 그리스도의

권능과 표적, 십자가와 부활의 증언, 그리고 하나님께서 예수를 주와 그리스도가 되게 하셨다는 메시지를 듣고서 긍정적인 반응을 보인 사람들을 어떻게 묘사하고 있습니까? 41절을 보십시오. 그들은 "**그 말을 받은 사람들**"입니다. 베드로의 말을 듣고 거부하지 않고 수용한 사람들이라는 말입니다. 그들은 베드로의 증거를 듣고 그 말을 받아들였습니다. 다시 말해, 종말의 때에 하나님이 성령을 주시고 구원을 주시기를 원한다는 것과 예수께서 십자가에 못 박혀 죽으신 뒤 부활했다는 증언과 하나님께서 예수를 주와 그리스도가 되게 하셨다는 베드로의 선포를 참된 것으로 받아들였습니다(기독교 신앙에서 선포는 단순한 명제 서술 이상입니다. 하지만 명제로 표현된 내용이 이 선포 속에 담겨 있습니다). 그리고 그들은 세례를 받았습니다.

"그 말을 받은 사람들"은 어떤 변화를 보였습니까? 이들은 세례를 받고 사도의 가르침을 받아 서로 교제하고 성찬을 나누며 기도하기를 힘썼습니다. 예수께서 부활하고 승천하신 뒤 성령의 오심으로 세워진 예루살렘 교회의 모습이 이렇게 드러났습니다. 이리하여 예루살렘 교회의 일원이 된 사람들을 사도행전은 "**믿는 사람**"이라 부릅니다. "믿는 사람이 다 함께 있어 모든 물건을 서로 통용하고"(행 2:44). 사도의 말을 듣고 받아들여 세례를 받은 사람들이 "믿는 사람" 곧 '신자'가 되었습니다(41

절에 "신도"라는 단어가 나오지만, 원문에는 이 말이 없습니다. 뜻을 밝히느라 우리말 번역에 집어넣은 것입니다. 44절에 가서야 사도행전에서 처음으로 "믿는 사람"이라는 말이 나옵니다). 나사렛 예수가 그리스도 곧 메시아라는 선포를 수용하고 받아들인 사람들, 초대 교회 공동체의 일원이 된 사람들을 무엇보다 "믿는 사람"이라 표현한 것에 대해 우리는 주목하지 않을 수 없습니다.

교회는 '예수를 메시아로 믿는 사람들의 공동체' 곧 '믿음의 공동체'입니다. 사도행전 4:4에서 "말씀을 들은 사람 중에 믿는 자가 많으니"라고 했고, 사도행전 4:32에도 "믿는 무리"라는 표현이 나옵니다. 이들은 '메시아 예수를 믿는 사람들'입니다. '메시아 예수를 믿는 사람들의 모임'이 바로 다름 아닌 '교회'ekklesia입니다. 사도행전에는 처음부터 '교회'라는 말이 등장하지 않고 스데반의 죽음 이후에야 등장합니다(행 8:2). 메시아 예수를 믿는 믿음이 교회 형성의 기본 조건입니다. 예수를 메시아로, 그리스도로 믿는 믿음, 그리고 나아가서 그분을 보내신 아버지 하나님과 그분의 영이신 성령 하나님을 믿는 믿음이 없다면, 아무리 열심히 모인다 해도 그 모임을 '교회'라 할 수 없습니다. 교회는 '예수 그리스도를 중심으로 삼위 한 분 하나님을 믿는 사람들의 모임'입니다. 그러면 믿음을 갖게 된 뒤 예루살렘 교회 신자들에게 어떤 변화가 일어났을까요?

첫째, 그들은 함께 모였습니다. 그들은 홀로 있지 않았습니다. 두 번째로, 모든 물건을 서로 나누어 썼습니다. 세 번째로, 한 걸음 더 나아가 재산과 소유를 팔아 각 사람의 필요를 따라 나누어 주었습니다. 네 번째로, 날마다 마음을 같이하여 성전에 모이기를 힘썼습니다. 다섯 번째로, 성찬을 나누고 하나님을 찬미하였습니다. 여섯 번째로, 온 백성으로부터 칭송을 받았습니다.

이 여섯 가지는 오늘의 교회가 부러워해야 할 일입니다. 물론 모든 교회가 예루살렘 교회로 돌아가야 한다고 말할 수는 없습니다. 왜냐하면 예루살렘 교회만이 지닌 특수성이 있을 수 있기 때문입니다. 그러나 예루살렘 교회가 가히 교회의 원형에 가까웠다고 하는 생각에 저도 동의하게 됩니다. 예수 그리스도를 주로 믿는 믿음은 단순한 믿음의 내용을 수용하거나 인정하는 데 그치지 않고 '**삶의 방식**'ᵃ ʷᵃʸ ᵒᶠ ˡⁱᶠᵉ의 **변화**로 드러납니다. 우리는 예루살렘 교회에서 이 변화를 확연하게 보게 됩니다. 그들은 더 이상 자신을 중심으로 살아가지 않았습니다. 홀로 있지 않고 함께 있었습니다. 함께 모였고 함께 삶을 나누었습니다. 그들은 자신들이 가진 것을 필요에 따라 서로 나누었습니다. 자신만 생각하는 삶에서 타자를 생각하는 삶으로 그들의 삶의 방식이 바뀌었습니다. 이 가운데는 기쁨과 평화가 자리 잡았습니다. 하나님의 의, 하나님의 정의가 드러났습니다. 가난한 자도 부자도 없었습니다. 예루살렘 교회 신자들은 하나님 나라를 체험하였습니다. 이로 인해 바깥 사람들로부터 칭찬을 받고 구원받는 사람들의 수가 늘어났습니다. 지난 2천 년의 역사를 보더라도 예수 그리스도의 영이 임하는 곳이면 어느 곳에나 보이는 현상이 예루살렘 교회에 확연하게 드러났습니다.

지금까지 나눈 것을 잠시 정리해 보겠습니다. 예수가 주이시며 그리스도라는 베드로의 선포를 들은 사람들의 첫 반응은 질문이었습니다. "형제들아, 우리가 어찌할꼬?" 이들은 베드로의 말을 받아들여 그가 권유한 대로 따랐습니다. 그리하여 그들은 회개하고 세례를 받아 새로운 삶의 길을 걸었습니다. 이들을 무엇보다 "믿는 사람"이라 표현한 것은 믿음이 무엇인지 생각해 볼 계기를 만들어 준다고 생각합니다. 이들 곧 믿는 사람들은 주변 사람들과는 전혀 다른 삶의 길을 걸어갑니다. 그런데 다시 한 번 보십시오. 그들은 무엇보다 베드로의 말을 들었습니다. 베드로의 말을 들은 그들은 칼에 찔리듯 마음에 찔림을 받았습니다. 성령 하나님의 역사였습니다. 그들의 중심에서 물음 곧 질문이 솟아났습니다. 자신들의 죄책과 잘못, 수치와 악행을 깨닫고는 자신들이 해야 할 일을 물었습니다. 이 물음은 지금이 몇 시인가, 오늘 날씨가 어떠한가 묻는 것과는 다릅니다. 이 물음은 삶의 갈림길에 직면한 사람의 물음입니다. 말씀 선포를 듣고 마음에 찔림을 받아 우러난 질문이기 때문입니다. 질문과 추구, 고민과 씨름은 진지한 믿음을 위해 없어서는 안 될 것들입니다. 이로부터 우리가 응답하는 믿음, 실천하는 믿음으로 나아갈 수 있기 때문입니다. 계속해서 질문이 믿음과 어떤 관련이 있는지 생각해 보겠습니다.

인간은 물음을 던지는 존재다

먼저 묻는다는 것, 질문한다는 것이 무엇을 의미하는지 생각해 봅시다. 현대 철학자 가운데 하이데거*는 누구보다 물음을 강조합니다. 인간 실존을 논할 때 그는 인간을 무엇보다 '물음을 던지는 존재'로 보고 있습니다. 하이데거가 물음을 강조한다고 해서 물음에 곧장 답을 제공해 주었다는 말이 아닙니다. 전통철학의 문제가 곧장 답을 제공하려는 데 있다고 보고 하이데거는 **제대로 묻고자** 하였습니다. 손쉬운 답을 찾기보다 물음 속에 머물면서 물음의 길을 쉬지 않고 따라 걸어가는 방식이 그의

●　독일의 철학자(1889-1976). 독일 프라이부르크 대학 교수를 지냈으며, 후설의 현상학 전통을 이어 '존재 사유'의 길을 열었다. 저서로는 『존재와 시간』 등이 있다.

철학함이었습니다. 철학을 하려면, 제대로 생각을 펼쳐 가려면 물음 속에 머무를 줄 알아야 한다고 본 것이지요. 철학함도 여느 종교나 기도와 경전 읽기를 통해 경건한 삶을 살고자 애쓰는 것과 비슷합니다. 기도와 경전 읽기에 깊이 빠져 그곳에 머물 때 비로소 신비의 체험을 하는 것과 마찬가지로, 제대로 생각하려면 물음을 던지고 그 물음 속에 머무를 줄 알아야 한다는 것이지요. 이런 배경에서 하이데거는 "물음을 묻는 것은 사유의 경건"Fragen ist die Frömmigkeit des Denkens이라고 말합니다. 답을 곧장 얻어내기보다는 물음 속에 오래 머물러 물음을 깊이 생각하는 것이 제대로 생각하는 방식이라고 본 것이지요.

그런데 "형제여, 어찌할꼬?"라는 물음에 베드로가 그렇게 오래 머무를 수 있었을까요? 그럴 수 없었고 그렇게 하지도 않았습니다. 베드로는 곧장 답을 했습니다. 마음속에서 우러난 정직하고 솔직한 물음에 정직하고 솔직한 답을 준 예라 하겠습니다. 그런데 예컨대 "왜 무엇이 전혀 없지 아니하고 오히려 어떤 것이 있는가?"Why is there something rather than nothing?와 같은 물음은 곧장 직문직답을 하듯이 바로 답할 수 있는 것이 아니라, 하이데거가 『형이상학 입문』에서 하고 있는 것처럼 오래 붙잡고 길게 생각해 보아야 할 질문입니다. 있는 것과 있음, 없는 것과 없음, 그리고 왜에 대한 물음, 이런 것들을 이런저런 방식으로 생각하지 않고는 답을 찾기가 쉽지 않은 질문이기 때문입니다. 설령 답을 찾았다 하더라도 그 답은 다시 물음을 가져오고, 물음은 또 다른 물음을 불러옵니다.

철학자의 전형인 소크라테스*를 보십시오. 자기 아버지를 종교 법정에 고발하고 나오면서 "신들을 섬기는 일을 했다"고 주장하는 에우티프론▲에게 소크라테스는 "신들을 섬기는 일이 무엇인가?" 하고 따지기 시작합니다. 에우티프론이 종교와 관련된 일을 맡은 사제이기 때문에 '토 호시온'^{to hosion} 곧 '신들을 제대로 섬기는 일'(이 말을 '경건'이라 번역하기도 합니다)의 의미를 잘 알고 있으리라 생각하고 소크라테스가 질문을 던졌습니다. 왜냐하면 자신도 신들을 제대로 섬기지 않았다는 이유로 기소되었기 때문입니다. 에우티프론이 "지금 나처럼 하는 것이 신들을 제대로 섬기는 것이고, 나처럼 하지 않는 것이 신들을 제대로 섬기지 않는 것"이라고 말하자, 소크라테스는 사례를 통해 설명하지 말고 보편적 특성을 통해 정확하게 정의 내려 달라고

● 　고대 그리스의 철학자(B.C. 470-B.C. 399). 문답법을 통해 정확하게 정의를 내릴 수 있는 지식을 추구하였다. 플라톤의 저작을 통해 그의 사상이 전해온다.

▲ 　플라톤의 초기 저작 『에우티프론』에 등장하는 인물. 『에우티프론』은 소크라테스의 재판을 앞두고 에우티프론과 소크라테스가 '신들을 섬기는 일'이 무엇인지를 두고 주고받은 대화록이다.

요구합니다. 그러자 에우티프론은 "신들이 사랑하는 것을 하는 것이 신들을 제대로 섬기는 것이고, 신들이 사랑하지 않는 것을 하는 것이 신들을 제대로 섬기지 않는 것"이라고 고쳐 말합니다. 소크라테스는 다음과 같은 방식으로 계속 질문을 던집니다. "신들 사이에도 싸움이 있고 차이가 있기 마련인데, 그러면 신들이 사랑하는 것이 서로 다르지 않은가? 그렇다면 그것이 어떻게 신들을 섬기는 것인가?" 이렇게 계속 주고받다가 에우티프론은 바쁘다는 핑계로 자리를 뜨게 됩니다. '토 호시온'이 무엇인지 정의를 내리지 못하고 대화가 끝나 버렸습니다.

소크라테스는 늘 질문을 던졌습니다. 군인을 만나면 용기에 관해 묻고, 정치가를 만나면 정의에 관해 묻고, '지혜자'로 자처했던 소피스트들을 만나면 덕에 관해 물었습니다. 소크라테스는 이렇게 질문하는 일을 포기하려 하지 않았습니다. 질문은 그에게 철학하는 방법이며 철학 자체였습니다.

소크라테스는 왜 질문을 던졌을까요? 그는 하늘의 달과 별에 관해서는 질문을 던지지 않았습니다. 한때 그도 이런 대상에 관심을 가진 적이 있지만, 그가 주로 관심을 두고 질문을 던진 대상은 인간이었습니다. 인간의 삶, 그중에서 먹고 자고 사람들을 만나는 일상의 삶은 제쳐두고 '인간으로서 가장 탁월하게 수행할 수 있는 기능'에 관심을 두었습니다. 그리스인들은 그러한 기능을 '아레테'^arete라고 불렀습니다. 로마인들은 아레테를 라틴어로 '비르투스'^virtus라고 옮겼고(라틴어 '비르'^vir는 남자를 뜻하기 때문에 로마에서 비르투스는 '남자다움'이 강조됩니다), 이후에 영어로는 '버츄'^virtue가 되었습니다. 일본이나 중국, 한국에서는 '얻음'이란 뜻을 가진 '덕'^德이라는 단어를 써서 이 말을 옮겼습니다. 소크라테스는 칼의 아레테, 칼의 덕이 날카로움에 있고, 말의 아레테, 말의 덕이 날쌤에 있듯이, 인간에게도 인간으로서 가장 탁월하게 수행할 수 있는 아레테 곧 인간의 덕이 있다고 보았습니다. 지혜, 용기, 절제, 정의 등이 그 목록에 들 수 있는 것들입니다.

소크라테스는 먼저 이런 것들이 무엇인지 정확하게 알기를 원했습니다. 만일 제대로 알지 못하면 제대로 행할 수 없다고 보았기 때문입니다. 여기서 제대로 안다는 것은 정확하게 '정의'^definition를 내릴 수 있다는 뜻입니다. 오늘의 논리학이나 수학의 용어로 말하면, 필요충분조건을 제시할 수 있어야 한다는 말입니다. 그러므로 소크라테스는 만일 '신들을 제대로 섬기는 일'이 무엇인지 정의를 내리지 못한다면, 에우티프론이 아버지를 살인죄로 법정에 고발한 것이 과연 '신들에게 해야 할 의무'를 다한 것인지 알 수 없다고 보았습니다. 따라서 소크라테스는 알고자 했고, 알기 위해서 질문을 던졌습니다.

소크라테스의 지식을 흔히 '무지無知의 지知'라고 부릅니다. 용기가 무엇인지, 정의가 무엇인지, 경건이 무엇인지 소크라테스 자신은 모른다고 말했습니다. 그러나 이것들이 무엇인지 알고 있다고 생각하면서도 사실은 모르는 사람들과는 달리, 적어도 '모른다'는 사실만큼은 자신이 '안다'고 생각하였습니다. 모르기 때문에 질문할 수밖에 없었고, 쉬지 않고 질문을 하였기에 아테네의 시인과 정치가와 기술자들에게 소크라테스는 귀찮은 존재가 되고 말았습니다. 더구나 귀족 출신 청년들이 그를 모방하여 이 사람들에게 질문을 던지기 시작하자, 소크라테스는 '젊은이들을 타락시킨다'는 죄명을 목에 걸게 되었습니다. '모든 아테네 시민들이 믿는 신들을 섬기지 않는다', '다른 신을 도입한다'는 죄명도 함께 얻었습니다. 마침내 이런 것들이 그를 법정에 세우도록 빌미를 주었고, 두 번의 재판 과정을 통해 유죄선고와 사형선고를 받았습니다. 그러나 소크라테스는 기꺼이 죽음을 받아들였고, 플라톤의 『파이돈』이 증언하듯 그의 마지막 '백조의 노래'를 부르며 세상에서 매우 보기 드물게 즐겁고 기쁜 마음으로 마지막을 맞이하였습니다.

일관성의 관점이나 정직성의 관점에서 볼 때 소크라테스만큼 탁월한 사람은 찾아보기가 쉽지 않을 것입니다. 아테네 시민 법정에서 자신을 변론했던 내용과 크리톤*과 했던 대화를 읽어 보면, 이 점에 대해서 의심의 여지가 없습니다. 그는 모든 것을 철저하게 '이성의 법정'에 기소하고자 했고, 실제로 그렇게 했으며, 그렇게 했기 때문에 결국 자신의 목숨마저 잃었습니다. 그러나 그것에 대해서 한 치의 후회 없이 자신이 가르치고 주장한 대로 소크라테스는 죽었습니다. 왜냐하면 대중들의 의견이나 감정, 가족의 상황이나 친구들의 부탁이 아니라, 오직 이성에 근거한 합법성에 따라 행동해야 사람이 사람으로 제대로 사는 것이라는 확신을 소크라테스는 끝까지 고수했기 때문입니다.

모든 것을 이성의 법정에 불러들여야 한다고 생각한 점에서 칸트▲는 소크라테스를 따랐습니다. 칸트는 이성의 법정을 일컬어 '순수 이성 비판'이라고 이름 붙였습니다. 형이상학 문제에 한정해서 다루기는 했지만, 칸트는 우리가 안다고 주장하는 내용 가운데 많은 것들이 사실은 이성의 월권에 따른 결과임

●   소크라테스의 죽마고우이자 제자. 소크라테스의 재판 현장에 있었고 소크라테스에게 탈옥을 권하기도 했으며(플라톤, 『크리톤』), 소크라테스가 독배를 마시고 죽어 가는 장면을 지켜보았다(플라톤, 『파이돈』).

▲   독일의 철학자(1724-1804). 경험의 가능 조건의 탐구를 통해 인간 이성의 범위와 한계를 설정하고 이를 통해 '비판 철학'을 확립하였다. 저서로는 『순수 이성 비판』, 『실천 이성 비판』, 『판단력 비판』 등이 있다.

을 드러냈습니다. 우리에게 감각적 자료가 주어지는 것들에 대해서는 우리의 감성과 상상력과 지성을 이용하여 지식을 만들어 낼 수 있지만, 우리의 감각으로 포착할 수 없는 것들에 대해서는 지식을 만들어 낼 수 없다고 생각했습니다. 그래서 칸트는 자유, 영혼의 불멸, 그리고 신의 존재는 시간과 공간 안에 주어진 대상을 규정하는 인간의 유한한 이성으로는 판단할 권한이 없다고 보았습니다. 그렇다고 칸트가 자유와 영혼의 불멸, 신의 존재를 부인한 것은 아니었습니다. 도덕법칙을 수립하고 명령하는 인간의 이성에 근거하여 그것들에 관해 이야기할 수 있는 가능성을 확보하게 됩니다. 자유와 영혼 불멸과 신의 존재는 도덕 실천을 통해 실재성을 드러낼 수 있다고 보았습니다. 중요한 것은 이런 문제를 물음 자체에 붙였다는 사실입니다.

소크라테스도 사실 인간의 자유와 영혼의 불멸과 신의 존재에 관해 근본 믿음을 가지고 있었습니다. 우리가 알고 있는 소크라테스는 대부분 플라톤의 기록을 통해서 알기 때문에 '역사적 소크라테스'의 믿음의 내용이 무엇인지 정확하게 알 수 없지만, 그럼에도 그의 가르침과 행적을 볼 때 이 세 가지에 대한 믿음이 있었다는 것을 부인할 근거는 없습니다. 더 좋은 나라에 가는 이의 기쁨을 드러낸 것이나, 자신의 철학자로서의 활동을 잠자는 아테네인들에게 '쇠파리'가 되어 그들을 일깨우도록 신이 주신 사명으로 이해한 것, 그리고 어떤 누구의 강요에 의해서가 아니라 자신의 자발적 판단과 선택에 따라 생각하고 행동한 것 등을 볼 때, 소크라테스를 회의론자나 불가지론자로 볼 수 없습니다.

그럼에도 소크라테스가 지혜, 용기, 정의 등이 무엇인지를 어디서도 스스로 적극적으로 정의 내린 적이 없는 것을 보면, 우리 삶에서 매우 중요하고 자신도 매우 중요하게 생각한 '덕'에 대해서 잠정적이고 보류적인 태도를 취했다고 해석할 수밖에 없습니다. 그렇다면 결국 그가 매우 중요하게 생각한 '덕에 따른 실천적 행위'에 대해서 그는 자신 있게 말할 수 없었습니다. 금욕주의자도 쾌락주의자도 상대주의자도 절대주의자도 아닌 방식으로 소크라테스가 계속 묻고 계속 숙고했다고 말하는 것이 옳을 것입니다. 이 점에서 소크라테스는 하이데거가 말한 '사유의 경건'을 철저하게 수행한 이라 해도 좋습니다.

하지만 소크라테스는 공동체의 전통을 통해 수용되어 온 지식의 권위를 인정하지 않았습니다. 아테네에 살고 있던 사람들은 지혜가 무엇인지, 용기가 무엇인지, 정의가 무엇인지 전통을 통해 모호하게나마 알고 있었습니다. 그들은 보통 사람들이 가진 지식common knowledge을 토대로 생각하고 행동하였습니다. 그런데 이들과 달리 소크라테스는 도덕 개념과 판단도 마치 기하학의 삼각형 개념과 판단처럼 정의를 내릴 수 있어야 한다고 생각했습니다. 그러므로 그것이 가능할 때까지 끝까지 밀고 나갔습니다. 그러나 소크라테스는 그러한 정의를 얻어 낼 수 없었습니다. 오늘날 흔히 '가치 개념'이라 부르는 것들은 삶의 세계와 공동체의 전통에 깊은 뿌리를 내리고 있기 때문에 기하학의 방식으로는 정의를 내릴 수 없다는 사실을 소크라테스는 모르고 있었습니다. 만일 정확하게 알아야 행동할 수 있다면, 그리고 정확하게 안다는 것이 정의를 내릴 수 있는 것이라면, 소크라테스는 정의를 내릴 수 없었기 때문에 정확하게 알지 못했고, 따라서 행동할 수 없었다고 말할 수밖에 없습니다. 그렇다면 자신이 그토록 원했던 도덕적 행위를 제대로 실천하지 못하고 세상을 떠났다고 말해야 할 것입니다.

질문한다는 것은 무엇인가

소크라테스의 문제는, 질문조차도 사실은 삶의 세계에 뿌리를 두고 있다는 사실을 몰랐거나 무시한 것이었습니다. 삶의 세계는 많은 전제, 많은 선지식, 많은 의견들을 담고 있습니다. 이 가운데 많은 것들은 틀렸을 수도 있고, 개연성은 높지만 따져 보면 반드시 그렇지 않을 수도 있는 지식도 있습니다. 그러나 사람들은 대부분 오랜 삶의 경험을 통해서 전통으로 내려오는 지식 체계를 따르고, 이 체계에 따라 사물을 지각하고 판단하고 행동합니다. 소크라테스는 여기에 망치질을 하였습니다. 그리하여 진정으로 참된 것, 도무지 의심할 수 없는 것을 얻고자 하였습니다. ·

이 점에서 데카르트*, 칸트, 그리고 초, 중기의 후설▲뿐만 아니라 오늘의 철학자들이 대부분 소크라테스의 후예들입니다. 소크라테스의 제자들 가운데는 쾌락주의 전통을 만든 사람도 있고, 회의주의자도 있고, 금욕주의자도 있고, 이상주의자도 있었기 때문에 소크라테스의 후예라 해도 모두 동일하지는 않지만, 오직 이성을 기준으로 삼으려고 한 점에서 소크라테스를 닮았다고 볼 수 있습니다. 그리스도를 따르는 사람이라 해도 '진정으로 참된 것', '도무지 의심할 수 없는 것' 자체를 부인할 필요가 없습니다. 오히려 가슴을 열고 받아들여야 합니다. 그러나 우리가 가진 상상력, 전통, 일상 경험에서 오는 깨달음, 성경을

● 프랑스의 수학자이자 철학자(1596-1650). 모든 것을 회의하는 실험을 통해 '생각하는 나의 존재는 확실하다'는 결론에 도달하여, 이를 통해 신의 존재와 물질세계의 존재를 확보하였다. 저서로는 『방법 서설』, 『성찰』, 『철학 원리』 등이 있다.

▲ 독일의 철학자(1859-1938). 현상학의 창시자로 하이데거, 레비나스, 메를로 뽕띠, 사르트르의 철학에 큰 영향을 끼쳤다. 저서로는 『논리 연구』, 『데카르트적 성찰』, 『유럽 학문의 위기와 초월 현상학』 등이 있다.

읽고 배울 때 얻는 지식과 통찰, 이런 모든 것을 제거하고 오직 이성만으로 '진정으로 참된 것', '도무지 의심할 수 없는 것'을 찾으려고 할 때 문제가 됩니다.

이제 다시 질문한다는 것에 대하여 생각해 봅시다. 왜 우리는 질문을 하며, 어떻게 하는 것이 질문하는 것입니까? 우리는 질문을 할 때 어떻게 합니까? 예를 들어 봅시다. 누군가 "지금 몇 시입니까?"라고 물었다고 합시다. 그리고 그 질문을 받은 사람이 "네, 지금 여섯 시 반입니다"라고 답했다고 합시다. 그러자 시간을 물은 사람이 "아이고, 큰일 났네요. 여섯 시 반에 광화문에서 친구를 만나기로 약속했는데요"라고 말하고는 급하게 나갔다고 합시다. 이 경우, 질문이 무엇이며 질문이 가능한 조건이 무엇입니까? 여기에는 많은 것들이 전제되어 있습니다.

우선, 질문이 가능하려면 서로 말을 주고받으면서 알아들을 수 있어야 합니다. 만일 말이 없다면, 그리고 말이 있더라도 서로 통하지 않는다면, 질문을 할 수 없습니다. 말은 질문의 최우선 조건입니다.

둘째로, 무엇을 묻는지 그 주제가 이해되어야 합니다. 주제는 말을 통해서 지시하는 것이 무엇인지 아는 것으로 이해될 수 있습니다. 시간을 묻는지, 길을 묻는지, 아니면 밥을 먹었냐고 묻는지 상대방이 알아들을 수 있어야 합니다. 그렇지 않으면 질문이 질문으로 성립되지 않습니다. 무엇을 묻는지 모른다면 질문을 받는 사람이 상대방의 말을 질문으로 수용할 수 없고, 따라서 대답도 할 수 없습니다.

질문은 "말을 매개로 질문 주제를 두고 질문하는 사람과 질문을 받는 사람 간에 일어나는 의사소통 행위"라고 일단 '정의'를 내려 볼 수 있습니다. 그런데 질문하는 사람과 질문 받는 사람이 반드시 나와 타인으로 구별될 필요는 없습니다. 왜냐하면 스스로 묻는 일이 가능하기 때문입니다. "지금 몇 시인가?"라고 자문하면서 자신의 시계를 들여다볼 수 있습니다. 그리고 "아, 지금 여섯 시 반이네. 빨리 가야겠어"라고 스스로 자신에게 반응을 보일 수 있습니다.

그런데 다시 생각해 보십시오. 이러한 의사소통이 내 자신 안에서 일어나든 아니면 타인과의 관계에서 일어나든 의사소통이 되려면, 표현 수단으로 쓰인 언어뿐만 아니라 그 밖에도 많은 것들이 전제되어야 합니다. 우리가 살고 있는 세계에 시간이란 것이 있다는 것, 시간을 측정할 수 있는 도구를 가지고 있다는 것, 그 도구가 나에게 지금 시각이 몇 시 몇 분인지 알려 줄 수 있다는 것 등이 여기에 전제가 되어 있습니다. 시간을 측정할 수 있는 도구가 없는 곳에서는 현재 우리가 묻는 것처럼 "지금 몇 시입니까?"라고 물을 수 없습니다. 날이 어두워졌다거나 밤이 깊었다거나 날이 밝아 온다거나 하는 식으로 해와 달의 변화에 따른 낮과 밤의 밝기를 가지고 시간의 흐름을 말할 수밖에 없습니다. 이로부터 우리가 추론할 수 있는 것은 **몸담고 있는 삶의 세계 안에서 질문이 발생한다**는 것입니다. 우주의 진행 과정, 낮과 밤의 변화, 태어나서 죽기까지의 생애 주기 등에 대한 종합적 의식 없이는 오늘날 우리가 이해하는 '시간'이라는 개념이 생길 수 없습니다. 문화와 지역에 따라 시간 체험이 다르고 시간 개념도 다르게 이해된다는 것을 어렵지 않게 수용할 수 있습니다. '시간이란 무엇인가?'라는 질문은 이 모든 것이 전제된 다음에야 출현할 수 있었습니다. 질문은 공동의 삶의 세계, 공동의 삶의 형식을 전제로 합니다. 이스라엘의 메시아 대망 없이 세례자 요한이 제자들을 예수께 보내어 "오실 그이가 당신입니까?"(마 11:3, 눅 7:19)라는 질문을 할 수가 없었습니다. 질문은 그것이 출현할 수 있는 배경과 출처와 연유를 가지고 있습니다.

만일 질문을 이렇게 이해한다면, 오직 이성에만 근거해서 질문을 할 수 없음이 분명합니다. 질문하는 사람은 오직 이성적이기만 한 것이 아닙니다. 감정을 가지고 있고, 무엇을 하고 싶어 하거나 하기 싫어하며, 상상력을 발휘하여 수많은 것들을 머릿속에 그려 보고 추론하고 기대하고 희망하고 때로는 절망합니다. 이것들은 혼자만의 생각에서 나온 것이 아니라, 함께 살고 있는 사람들의 생각에서 나온 것들이 대부분입니다. 왜냐하면 굳이 르네 지라르*를 인용할 필요 없이 사람의 욕망은 '모방'에 근거하고 있기 때문입니다. 우리는 타인들이 욕망하는 것을 욕망합니다. 그러므로 질문도 순전히 개인 중심으로 이해할 수 없습니다. 우리가 던지는 질문은 우리 주위에 있는 사람들이, 우리가 속한 공동체 사람들이 같이 던지는 질문일 가능성이 높습니다. 만일 이것이 옳다면, 이로부터 추론할 수 있는 것은 질문을 던지고 숙고할 때 반드시 이성만을 유일한 원천과 기준으로 삼을 필요가 없다는 것입니다. '계시'도 중요합니다.

계시 가운데는 예언도 있고, 꿈도 있고, 이른바 '일반계시'도 있고, 신비적 경험도 있겠지만, 그 가운데서 그리스도인이 공통으로 믿고 의존할 수 있는 '계시'는 역시 성경입니다. 그러므로 성경을 펼쳐 들고 묻고, 생각하고, 따져 보고, 다시 물어보는 활동을 반복하면서 그것으로부터 얻은 지식과 믿음을 바탕으로 순종하는 삶을 살아가는 것이 생각하는 그리스도인의 삶일 것입니다. 그리스도인다운 생각, 그리스도인다운 판단을 하

* 프랑스의 문학평론가이자 인류학자(1923-2015). 인간의 '욕망'의 문제를 평생 천착하였다. 저서로는 『낭만적 거짓과 소설적 진실』,『폭력과 성스러움』 등이 있다. 국내에는 정일권 박사가 여러 저서를 통해 지라르를 소개하고 있다.

자면, 적극적으로 '계시'에 의존하여 질문을 던지고 생각을 펼쳐 나가는 것이 바람직합니다. 이를 일컬어 한국 교회의 큰 스승이셨던 박윤선 목사님은 '계시 의존 사색'이라 불렀습니다.

믿음의 근원, 예수 그리스도

그렇다면 그리스도인의 물음에서 가장 먼저 관심을 가져야 할 질문이 무엇입니까? 그것은 단연코 예수 그리스도와 관련된 물음이라 생각합니다. 왜냐하면 그리스도인은 예수 그리스도를 믿는 이들이요 따르는 이들이기 때문입니다. 그렇다면 우리는 적어도 세 가지 질문을 해야 합니다. 첫째, 예수 그리스도를 믿고 따른다는 것은 무엇인가? 둘째, 내가 믿고 따르는 예수 그리스도는 누구이며 특별히 나에게, 우리에게 누구인가? 셋째, 예수 그리스도를 믿고 따른다고 하는 나는 그리고 우리는 누구이며, 나와 우리가 속해 있는 공동체는 무엇인가? 이렇게 적어도 세 가지 질문을 던질 수 있고 던져야 한다고 생각합니다. 그런데 앞에서 살펴본 것처럼, 이 질문은 허공에서 나온 것이 아니라 나와 우리가 몸담고 있는 전통과 전통을 가능하게 한 사건, 그것들에 대한 증언을 담고 있는 성경, 오랜 세월과 시간 동안 동일한 물음을 묻고 생각해 온 역사를 모두 포괄합니다. 그러므로 우리가 질문을 던질 때, 사실은 홀로 던지는 것이 아니라 앞서간 수없이 많은 사람들을 따라 그들과 함께 던지게 됩니다.

그럼에도 물음을 던지는 사람은 물음을 던지게 하는 삶의 상황을 떠나 있지 않다는 것 또한 앞의 논의를 통해서 추론할 수 있습니다. 우리는 추상적 존재가 아니라 우리가 살고 있는 세계, 우리가 속한 세계에 몸담고 살고 있는 구체적 존재들입니다. 물음은 앞에서 말한 여러 근거와 출처를 자원으로 삼아서 지금, 여기 우리가 처한 삶의 상황으로부터 솟아나는 것입니다. 그러므로 동일한 질문을 던진다고 해도 항상 새롭게, 질문을 던지는 사람이 처한 삶의 상황, 삶의 물음으로부터 나올 수밖에 없습니다.

그렇다면 예수 그리스도에 관한 질문을 하게 되는 현재 우리 삶의 정황은 무엇입니까? 예수 그리스도를 믿고 따른다는 것이 무엇인지에 관한 질문을 왜 하게 됩니까? 무엇이 우리를 생각하는 그리스도인, 말씀의 부름에 응답하는 삶을 사는 그리스도인이 되지 않으면 안 되게 하는 삶의 상황입니까? 저는 우리가 신앙 따로, 삶 따로, 생각 따로, 행동 따로, 서로 따로 떨어져 사는 것이 문제라고 생각합니다. 그러므로 저 질문들을 던지는 까닭은 어떻게 하면 내 자신이, 그리고 신앙 공동체에 속한 우리들이 온전히 하나의 옹근 모습의 삶을 살 수 있을까 하는 고민을 하기 때문입니다(4강에서 이 문제에 관해 좀 더 자세히 살펴보겠습니다).

이제 믿음이 무엇인지, 믿음이 어디서 시작되는지, 놀라운 구원 사건이 어떻게 일어나는지, 누가복음 19장 본문을 통해서 한번 생각해 보면 좋겠습니다.

예수는 누구신가

누가복음에만 기록되어 있는 '삭개오 이야기'는 어릴 때부터 신앙생활을 해온 이라면 주일학교에서 너무나 재미있게 들었던 이야기입니다. 예수님은 지금 예루살렘으로 올라가고 있습니다. 대제사장들에게 넘겨지고 빌라도의 재판을 받아 십자가를 져야 할 때가 점점 다가오고 있는 시점입니다. 예수님은 예루살렘에서 약 25킬로미터 정도 떨어진 여리고를 지나고 있었습니다. 누가복음 18장을 보면, 예수께서 여리고에 들어오면서 시각 장애인을 고쳐 주시는 장면이 나옵니다. 보지 못하는 고통으로 괴로워하는 사람을 '구원해' 준 일입니다. 고침을 받은 사람은 집으로 가지 않고 예루살렘으로 향하는 예수를 따라 나섰습니다.

그런데 여리고에는 예수를 보고 싶어 하는 사람이 있었습니다. 삭개오라는 사람입니다. 그는 예수께서 여리고를 지나고 있다는 소식을 들었습니다. 삭개오는 키가 작았습니다. 예수를 보고 싶었지만 사람들이 너무 많아 그 틈을 비집고 들어갈 수 없었습니다. 사람들이 비켜 주지도 않았습니다. 그에게 존경심을 보이지 않았기 때문이었을 것입니다. 만일 그를 존경하는 마음이 사람들 사이에 있었더라면, 키가 작은 삭개오라 해도 앞줄에 서서 지나가는 예수를 볼 수 있었을 것입니다. 삭개오가 찾아낸 해법은 사회 관습으로 보면 너무 엉뚱했습니다. 키가 작아도 그는 어른이었고, 사람들로부터 비난을 받았다고 해도 세관장이라는 지위가 있는 사람이었습니다. 그런 사람이 나무 위로 올라갔습니다. 체면을 무시한 행동이며 사람들로부터 더욱 조롱받을 짓을 한 것입니다.

무엇이 삭개오를 이렇게 만들었을까요? 성경은 "그가 예수께서 어떠한 사람인가 하여 보고자 하되"(눅 19:3)라고 말합니다. 삭개오에게는 예수를 보고 싶은 마음이 간절히 있었습니다. 이것은 단순한 기대나 바람 정도가 아닙니다. NIV 성경은 이 본문을 "He wanted to see who Jesus was"라고 번역하고, NRSV 성경은 "He was trying to see who Jesus was"라고 번역합니다. 그런데 헬라어 원문을 보면 사실 더 강한 말입니다. '에제테이 이데인 톤 예순 티스 에스틴'*ezētei idein ton iesoun tis estin*. 한마디로 '예수가 누구인지 보기 위해 **찾아 나섰다**'는 말입니다. 마치 잃은 것이 있으면 그것을 온 힘을 다해 찾듯이 그렇게 예수를 찾았다는 말입니다. 이때 쓰인 동사는 예수께서 산상설교에서 "찾으라. 그리하면 찾아낼 것이요"(마 7:7)라고 했을 때 사용된 동사와 같습니다. 여기에 그치지 않습니다. 다음의 말씀을 보십시오.

> 너희는 내 얼굴을 찾으라 하실 때에 내가 마음으로 주께 말하되 여호와여, 내가 주의 얼굴을 찾으리이다 하였나이다.　시 27:8

> 너희는 여호와를 만날 만한 때에 찾으라. 가까이 계실 때에 그를 부르라.　사 55:6

> 여호와께서 이스라엘 족속에게 이와 같이 말씀하시기를 너희는 나를 찾으라. 그리하면 살리라.　암 5:4

삭개오에게는 마치 주의 얼굴을 찾듯이 야웨* 하나님을 찾듯이 찾는 마음, 그래서 죽음과 같은 자신의 삶에서 다시 살아나고자 하는 열망, 추구, 그리고 그 밑바탕에는 질문이 있었습니다. 단순히 예수를 한 번 보는 것으로 그치지 않고 예수가 누구인지

●　이 책에서 구약성경을 직접 인용할 때 '여호와'를 그대로 썼지만, 그 외에는 구약 학자들의 표기 방식을 따라 '야웨'로 표기하였다.

알고 싶은 마음이 사람들의 조롱을 각오하고 삭개오를 나서도록 했습니다.

삭개오의 물음은 '예수가 누구인가?'였습니다. 그는 이미 예수의 소문을 들어서 알고 있었을 것입니다. 세리와 창녀들과 함께 먹고 마시는 일로 인해 예수께서 바리새인들로부터 비난받은 일을 들었을 수도 있습니다. 그러나 그는 예수를 직접 보고 그가 누군지 알고 싶었습니다.

이런 의문, 이런 물음이 우리에게 있습니까? 우리는 너무도 당연하게 예수님이 누구신지 모두 알고 있는 것처럼, 마치 모든 답을 가진 사람처럼 행세하지 않습니까? 굳건한 믿음은 물음에서, 그리고 물음에서 비롯된 열망에서 시작합니다. 찾아 나서지 않고서는 찾을 수 없습니다.

누가 믿음이 있는 사람인가

마침내 예수께서 그곳에 이르러 나무 위에 올라가 있는 삭개오를 보시고는 "삭개오야, 속히 내려오라"고 말씀하십니다(눅 19:5). 예수께서 그의 이름을 어떻게 아셨는지 우리는 알 수 없습니다. 사람의 심중을 꿰뚫으시고 모든 것을 아시는 그분의 신성 때문이라고 생각할 수도 있습니다. 아니면 소문을 통해서 이미 그의 이름을 듣고 알 수도 있습니다. 아니면 나무 위에 올라가 있는 삭개오를 보고 사람들이 '삭개오'란 이름을 발설했을 수도 있습니다. 어떤 경우였든 간에 예수님은 삭개오의 이름을 불렀습니다. 예수님은 삭개오에게 빨리 내려오라고 하시고 나서 "내가 오늘 네 집에 유하여야 하겠다"고 말씀하십니다. 누군가의 집에 들어가서 그곳에 머문다는 것은 함께 먹고 마시는 일입니다. 함께 먹고 마시는 일은 동류同類가 되는 일입니다.

삭개오의 반응을 보십시오. "급히 내려와 즐거워하며 영접하거늘"(눅 19:6). 그는 급히 서둘렀습니다. 그리고 내려왔습니다. 기쁜 마음으로 예수를 자기 집에 모셨습니다. 누가는 삭개오와 관련해서 믿음이라는 단어를 사용하지는 않았지만, 우리는 어렵지 않게 삭개오의 행동을 믿음이라는 말로 표현할 수 있습니다.

여기서 주목할 점은 사람들의 반응입니다. 삭개오의 집에 머물겠다는 예수님의 말씀은 예수님 주위에 서 있던 사람들에게는 너무나 의외였습니다. 그들이 생각하기에 예수께서 그와 같이 평판이 좋지 않은 사람의 집에 들어가는 것은 있을 수 없는 일이었습니다. 예수님 같은 분이 삭개오와 같은 "죄인의 집"(눅 19:7)에 머물면 안 되었습니다.

그런데 성경을 보십시오. 예수께서 삭개오의 집에 들어가서는 안 된다고 생각한 사람이 무리 가운데 일부만 있었던 것이 아니었습니다. "뭇 사람이 보고 수군거려 이르되 저가 죄인의 집에 유하러 들어갔도다 하더라"(눅 19:7). "뭇 사람"이 누구입니까? 그 장면을 본 모든 사람들입니다. 예수님과 삭개오를 제외한 모든 사람이(심지어 제자들까지) 그 상황을 보고 화가 나서 수군거렸습니다. 예수께서 죄인의 집에 머물려고 들어갔다고 말이지요. 여기서 두 부류의 사람들이 나뉩니다. 하나는 의인들이고, 다른 하나는 죄인입니다. 삭개오는 멀리해야 할 죄인이고, 이 장면을 보고 화가 나서 중얼거리면서 한탄을 내뱉은 사람들은 의인들로 자처한 셈입니다.

여기서 우리는 이렇게 질문할 수 있습니다. **누가 믿음이 있는 사람인가?** 누가 하나님 앞에 의롭다고 일컬음을 받은 의인인가? 스스로 의인이라 생각하는 사람인가? 종교적 의무를 다하고 종교적으로 인정받는 사람, 사회적으로도 평판이 좋은 사람, 도덕적으로 흠결이 없는 사람인가? 아니면 정말 하나님을 갈구하는 사람인가? 그 마음에 가난이 있고, 의에 주리고 목마르며, 애통해하는 사람인가?

우리는 삭개오가 오히려 의인임을 알게 됩니다. 삭개오는 자신에게 다가온 새로운 현실에 대해 곧장 반응을 보입니다. 자신의 재산 절반을 가난한 사람에게 당장 내어놓겠고, 혹시나 부당하게 다른 사람의 것을 빼앗아 가진 것이 있다면 네 배로 갚아 주겠다고 말이지요(눅 19:8). 믿음은 심령이 가난한 이, 마음이 가난한 이에게서 비로소 찾아볼 수 있습니다. 예수를 통해 새롭게 열린 하나님의 현실에 직면하여 그것을 어떤 무엇보다도 소중하게 생각한 모습에서 우리는 믿음을 볼 수 있습니다.

삭개오는 사람들의 판단처럼 죄인이었습니다. 왜냐하면 그는 세관에 앉아 로마 식민주의자들의 앞잡이 노릇을 할 수밖에 없는 세리였고, 세관의 장이었기 때문입니다. 그는 "잃어버린 자"(눅 19:10)였습니다. 그런데 예수님 주변에 있는 사람들은 예수께서 잃어버린 자 곧 죄인을 찾으시는 것에 대해 불만을 털어놓습니다. 이것이 이른바 '종교적인 사람', '신앙 좋은 사람'의 맹점입니다. 신앙에 열심이었는지는 몰라도, 사람 자체에 대한 관심, 사람의 고통에 대한 관심, 잃어버린 자를 찾아오시는 하나님의 아픈 마음에 대한 관심이 그들에게는 없었습니다. 그러기에 신앙의 열심은 있지만 참다운 믿음, 하나님께서 그로 인해 의롭게 여기시는 믿음은 그들에게 보이지 않았습니다.

오늘 우리가 몸담고 있는 교회는 어떻습니까? 우리 교회도 이런 의인들의 모임입니까? 헨드리쿠스 베르코프*라는 신학자

● 네덜란드의 목사이자 신학자(1914-1995). 레이든 대학 교의학 교수를 지냈으며, 세계교회협의회(WCC) 중앙위원회 위원으로 활동했다. 저서로는 『기독교 신앙론』, 『역사의 의미, 그리스도』 등이 있다.

는 교회를 일컬어 '죄인들의 학교'라 불렀습니다. 죄인들이 모여 하나님을 알고 배워 그분의 뜻을 순종하며 살아가는 공동체가 교회입니다. 애써 죄인들처럼 살아서는 안 되지만 의인으로 자처해서도 안 됩니다. 우리에게 보여주신 하나님의 긍휼, 하나님의 자비에 감사하며 죄인조차 받아들이는 곳이 바로 교회입니다. 예수를 믿는 믿음이 있는 것과 없는 것이 여기에서 나뉩니다. 우리는 결코 의인이 아닙니다. 루터가 믿는 사람을 일컬어 "의인이며 동시에 죄인"*simul justus et peccator*이라고 했습니다만, 하나님이 의롭다고 해주신 것이지 우리 자신이 결코 의로운 사람은 아닙니다. 오직 하나님의 자비에 의지해서 하나님 앞에 설 수 있을 뿐입니다.

구원에 이르는 믿음

이제 무슨 일이 일어납니까? 앞에서 잠시 언급한 대로 삭개오는 자기 집에 머물러 온 예수께 자신이 가진 재산 절반을 가난한 사람에게 나누어 주겠다고 약속합니다. 이뿐만 아니라 혹시 부당하게 다른 사람의 것을 빼앗은 것이 있다면 네 배로 갚아주겠다고 합니다. 이것은 참된 믿음을 갖게 된 사람이 보일 수 있는 행동입니다.

그런데 보십시오. 삭개오는 세리였습니다. 그는 관세를 부과하는 세관의 세관장이었고, 아마도 세관장으로 취한 그의 부당한 이득으로 인해 부를 축적한 사람이었을 것입니다(눅 19:2). 사람들은 그를 '죄인'이라 불렀습니다. 그런 그가 부당하게 취한 이득에 대해 '네 배'로 갚아 주겠다고 하였습니다. 이 '네 배'가 갑자기 어디서 나왔습니까? 사무엘하 12장 말씀을 보면, 다윗이 밧세바를 취했을 때, 나단이 찾아가 어느 부자가 자신의 양과 소는 가만 두고 가난한 사람의 양을 빼앗아 손님을 대접한 비유로 다윗을 책망한 이야기가 나옵니다(삼하 12:1-5). 그때 다윗은 "그가 불쌍히 여기지 아니하고 이런 일을 행하였으니 그 양 새끼를 네 배나 갚아 주어야 하리라"고 말했습니다(삼하 12:6). 다윗의 말은 그의 정의감에서 우러난 것이 아니라 율법의 규정에서 나온 것이었습니다. 출애굽기 22:1을 보면, "사람이 소나 양을 도둑질하여 잡거나 팔면 그는 소 한 마리에 소 다섯 마리로 갚고 양 한 마리에 양 네 마리로 갚을지니라"고 규정이 되어 있습니다. 결국 삭개오가 부당하게 다른 사람의 것을 빼앗은 것이 있다면 네 배로 갚아 주겠다고 한 것은, 그가 무지몽매한 사람이 아니라 율법을 잘 알고 있던 사람임을 보여줍니다.•

●　　이 단락의 내용은 오지영 전도사로부터 얻은 통찰이다.

삭개오는 과거에 율법을 지키지 않았을 뿐 아니라 앞에서 말했듯이 로마 식민주의자들의 앞잡이 노릇을 했습니다. 그러나 이제 그는 예수를 만났습니다. 예수께서 삭개오를 알아주시고, 인정하시고, 그의 집에서 머물기까지 하시게 되자, 그는 커다란 삶의 변화를 경험합니다. 예수를 만나기 전, 복음을 접하기 전에는 도무지 할 수 없던 율법의 준수를 이제 예수를 만나 할 수 있게 되었습니다. 이것이 삭개오가 받은 은혜였습니다.

이제 예수님의 선언에 주목해 보십시오.

오늘 구원이 이 집에 이르렀으니 이 사람도 아브라함의 자손임이로다. 눅 19:9

무엇을 보고 삭개오가 "아브라함의 자손"이라고 말씀하시는 것일까요? 삭개오의 이름으로 보아 그는 유대인임이 틀림없습니다. 하지만 유대인이 자동적으로 새롭게 다가오는 하나님 나라, 예수님이 선포한 하나님 나라를 유업으로 물려받을 '아브라함의 자손'이라고 예수님은 보지 않았습니다. 심지어는 "속으로 아브라함이 우리 조상이라고 생각하지 말라. 내가 너희에게 이르노니 하나님이 능히 이 돌들로도 아브라함의 자손이 되게 하시리라"(마 3:9)고 말씀하십니다. 문자적으로 이삭과 이스마엘은 아브라함의 자손입니다(대상 1:28). 그러나 요한복음 8:39의 예수님 말씀처럼, 아브라함이 행한 일들을 해야 아브라함의 자손입니다. 아브라함이 행한 일 가운데 무엇보다도 두드러진 것, 가장 중요한 것은 역시 불가능한 상황 속에서도 하나님을 믿은 그의 믿음입니다. 그러므로 바울은 갈라디아서 3:7에서 "그런즉 믿음으로 말미암은 자들은 아브라함의 자손인 줄 알지어다"라고 말합니다.

따라서 그리스도를 믿는 사람, 그리스도의 것이 된 사람은 예수 그리스도를 통한 하나님 나라의 오심과 함께 이제 참된 아브라함의 자손입니다. "너희가 그리스도의 것이면 곧 아브라함의 자손이요 약속대로 유업을 이을 자니라"(갈 3:29)는 말씀은 이를 두고 한 말입니다. 바울의 언어로 표현하면, 율법의 행위가 아니라 오직 **예수 그리스도를 믿는 믿음으로** 하나님 나라에 참여한 사람이 아브라함의 자손입니다. 이런 이유 때문에 예수님은 "오늘 구원이 이 집에 이르렀으니 이 사람도 아브라함의 자손임이로다"라고 선언합니다.

만일 삭개오가 아브라함의 자손이라면, 어렵지 않게 이로부터 하나님이 그의 하나님이시라고 추론할 수 있습니다. 왜냐하면 하나님과 아브라함이, 하나님은 아브라함과 그의 자손의 하나님이 되고 아브라함과 그의 자손은 하나님의 백성이 될 것이라는 언약을 맺었기 때문입니다(창 17:1-27). 삭개오가 아브라함의 자손이라는 것은 하나님이 그의 하나님이라는 것을 인정하는 일입니다. 구원은 다른 곳이 아니라 바로 여기에 있습니다. 하나님과 상관없는 자리, 상관없는 존재에서 이제 **예수 그리스도를 통하여, 하나님이 우리의 하나님이 되고 우리가 하나님의 백성이 되는 언약 관계에 들어가는 사건이 곧 구원의 사건입니다. 우리의 구원은 이 언약 관계에 들어가서, 그 관계 속에 머무는 데 있습니다.** 그러므로 하나님의 언약 백성으로 구원받은 사람이라면, 백성의 삶을 사는 것이 마땅합니다.

삭개오가 예수를 자기 집에 모신 것 때문에 이를 두고 예수께서 그를 아브라함의 자손이라 말씀하셨습니까? 삭개오의 믿음은 예수를 기쁨으로 모신 것에만 있지 않았습니다. 앞에서 몇 차례 살펴본 대로 그의 믿음은 자신의 재산의 절반, 아니 네 배로 갚아 줄 경우, 아마도 그의 재산 전부를 내어주어야 할 결과가 올 수 있는 행동에서 볼 수 있습니다. 이 부분을 좀 더 자세히 살펴보겠습니다.

> 삭개오가 서서 주께 여짜오되 주여, 보시옵소서. 내 소유의 절반을 가난한 자들에게 주겠사오며 만일 누구의 것을 속여 빼앗은 일이 있으면 네 갑절이나 갚겠나이다. 눅 19:8

여기서 "가난한 자들에게 주겠사오며"로 번역된 구절에 쓰인 동사 '디도미'*didomi*는 직설법 능동태 현재 1인칭 동사입니다. "네 갑절이나 갚겠나이다"라고 번역된 구절에 쓰인 동사 '아포디도미'*apodidomi*도 현재형 동사입니다. 즉 지금 당장 주겠다는 말입니다. 삭개오의 반응은 이렇게 즉각적이었습니다. 예수 외에 그에게 더 귀한 것은 이제 없었습니다. 지체 없이 자신의 재산을 모두 내어놓는 데 그의 믿음의 증거가 있습니다. 그는 오직 예수를 위해서 모든 것을 버립니다. 그것도 그냥 버린 것이 아니라 가난한 사람들을 위해 내어놓는다고 했습니다. 삭개오는 예수를 만나자마자 하나님 백성의 행동을 보여주었습니다. 이를 통해서 자신이 아브라함의 자손임을 증명합니다. 그의 믿음은 입술로만 말하는 믿음, 말로만 하는 믿음이 아니라 **반응하고 응답하는 믿음이요, 행동이 수반된 믿음**이었습니다. 그렇다면 우리가 예수를 믿는다고 할 때, 이 믿음도 말이나 생각, 내면으로만 머무는 믿음이 아니라 삶으로, 행동으로 보이는 믿음이어야 함을 어렵지 않게 짐작할 수 있습니다. 이런 믿음만이 하나님을 기쁘게 할 것입니다.

믿음은 하나님의 선물이다

사도행전 2장 초대 예루살렘 교회 사건은 성령으로 오신 예수를 만나는 사건이었습니다. 사람들은 사도들의 말씀을 듣고 성령 가운데 오신 예수를 받아들이고 믿고 구원을 받았습니다. 삶 전체가 바뀌었습니다. 삶의 방향과 내용, 의미가 모두 바뀌었습니다. 철저히 하나님 중심, 이웃 중심이 되었습니다. 삭개오의 경우도 마찬가지입니다. 만일 그가 예수를 만나지 않았다면, 목숨보다 중한 재산을 가난한 사람들을 위해 내어놓을 수 없었을 것입니다. 재산보다 더 강하고 더 중요하고 더 힘 있는 예수를 만났기 때문에 애지중지하던 것을 포기할 수 있었습니다. 예수께 받아들여짐으로 모든 것을 다른 사람에게 줄 수 있었습니다. 예수로 인해 그만큼 많은 것을 누렸기 때문에 삭개오는 줄 수 있었습니다. 그는 예수님으로부터 '아브라함의 자손' 곧 '하나님 나라의 백성', '하나님의 자녀'라는 선언을 들었습니다. 자기 중심적 삶에서 벗어나 타인과 더불어 나누는 삶의 복을 삭개오는 예수를 만나면서 비로소 누리게 된 것입니다.

그런데 삭개오 이야기의 끝 부분을 보십시오. 삭개오가 찾아 나섰지만 사실은 예수께서 먼저 찾아 나섰습니다. "인자가 온 것은 잃어버린 자를 **찾아** 구원하려 함이니라"(눅 19:10). 예수님이 "잃어버린 자를 찾아 구원하려" 한다고 말씀하실 때 사용된 동사는, 삭개오가 예수가 누구인지 보기 위해 찾아 나섰다고 할 때(눅 19:3) 사용된 동사와 같은 동사입니다. 그러므로 사실은 예수께서 먼저 찾아 나섰고, 삭개오에게도 찾아 나서도록 열망을 불어넣어 주신 것입니다. 이 열망이 곧 믿음이 되었습니다. **믿음은 하나님의 주권적 사랑으로 우리에게 주어지는 선물이면서, 동시에 예수를 만나 그분을 알고자 찾아 나서는 열망의 결과입니다.** 이런 열망이 있었기에 "삭개오야, 속히 내려오라. 내가 오늘 네 집에 유하여야 하겠다"(눅 19:5)라고 예수께서 말씀하셨을 때 삭개오가 곧장 반응을 보일 수 있었습니다.

오늘 우리에게 예수께서 이렇게 말씀하신다면 우리는 어떠한 반응을 보일까요? 예수를 우리 삶의 처소에, 우리 삶의 중심에 모실까요? 그리하여 그분이 걸어가는 삶의 길을 따라 걸어가게 될까요? 아니면 우리 삶에 오시되, 우리 힘으로 할 수 없는 문제들을 해결해 주고는 우리가 할 수 있는 일, 우리가 원하는 일은 우리에게 맡겨 두기만을 원하게 될까요?

삭개오의 믿음과 구원은 전적으로 하나님의 주권적 사랑에서 온 것임을 우리는 이 본문을 읽으면서 인정하지 않을 수 없습니다. 삭개오를 보시고 예수님은 "삭개오야, 속히 내려오라. 내가 오늘 네 집에 유하여야 하겠다"고 말씀하셨습니다. 함께 마시고 함께 먹고, 함께 같은 집에서 잠을 자는 것은 삶을 함께 나누는 것입니다. 이것을 예수님은 "유하여야 하겠다"고 했습니다. 그렇게 '해야 한다'*dei*는 말씀입니다. 이를 일컬어 성경 주석학자들은 '신적 필연성'divine necessity이라고 부릅니다. 하나님의 사랑 때문에 그렇게 하지 않으면 안 된다는 뜻입니다. 하나님의 구원의 초청에 삭개오는 기꺼이 긍정적으로 반응했습니다. 곧장 나무에서 내려와서 예수를 기쁘고 즐겁게 집으로 모셨습니다.

이처럼 믿음은 하나님의 사랑의 초청을 기꺼이 수용하고 그것에 절대적으로 의존하며, 모든 것 가운데서도 오직 하나님만이 궁극적 관심의 대상이 되어 그로 인해 즐거워하는 것입니다. 하나님만이 유일한 구원자이심을 **알고**, 오직 하나님만 **신뢰하고** 그분께 **의존하고 의탁하는 것**, 이것이 믿음입니다. 그 결과, 언제나 타자중심의 자기 비움, 줌과 나눔이 뒤따릅니다. 그러므로 믿음과 믿음의 열매는 떨어질 수 없습니다. 삭개오 이야기에서 우리는 이것을 볼 수 있습니다. 우리는 우리의 신앙생활에서 믿음과 직결된 이러한 열매가 있는지 늘 살펴야 합니다.

🚶

이제 첫 번째 강의를 마무리하겠습니다. 삭개오의 물음은 '예수가 누구인가'였습니다. 예수가 누구인지 그는 보고자 했습니다. 보는 것은 곧 아는 것입니다. 그는 예수가 누구인지 알고자 했습니다. 이러한 열망이 우리에게 있는지 우리 스스로 물어보아야 합니다. '내 안에 삭개오가 했던 것처럼 그분을 찾고 탐구하고자 하는 마음이 있는가?' 이미 예수를 믿고 있다고 생각하는 사람도 예수를 더욱 알아가야 합니다. 왜냐하면 예수를 알고 그분을 믿는다는 것은 단순히 그에 관한 정보를 가진다는 것이 아니기 때문입니다.

우리가 사도신경 두 번째 줄에서 (라틴어를 다시 번역해 보면) "그리스도, 하나님의 유일하신 아들, 우리 주 예수를 믿습니다"*Credo in Jesum Christum filium eius unicum, dominum notrum*라고 고백할 때, 이때 믿는다는 것은, 그리스도(메시아)시고 하나님의 독생자시며 우리의 주님이신 예수를 알고 신뢰하고 내 삶을 맡긴다는 말입니다. 다시 말해 나사렛 예수가 우리의 메시아 곧 구주가 되시고, 하나님의 아들이시며, 우리의 주님이 되심을 알고, 내 자신을 온전히 그분께 맡긴다는 고백입니다. 이 고백은 '예수가 우리에게 누구인가' 하는 것뿐만 아니라 '우리가 누구인가' 하는 것을 규정합니다. 나사렛 예수가 우리의 구주시고 하나님의 아들이시며 우리의 주님이라는 고백은, 내가 예수를 통해 구원을 받고 그분으로 인해 자유를 얻은 하나님의 자녀이며, 이제 그 자유 가운데서 기쁜 마음으로 섬김의 삶을 사는 종*僕*이 되었다는 고백이 그 속에 함께 담겨 있습니다. 믿는다는 것은 우리와 예수 그리스도를 이어 주면서, 그분이 우리에게 누구이며 우리가 그분께 누구인지를 규정합니다. 우리가 무엇을 믿고, 어떻게 살며, 무엇에 소망을 두고 살아야 할 것인지는 이 근본 믿음에 달려 있습니다. 이 믿음은 질문하고 탐구하고 추구하는 삶에서 시작하여 우리의 응답, 우리의 반응을 요구하는 믿음입니다.

Q

1 왜 그리스도인들에게 믿음이 그토록 중요합니까?

2 삭개오의 믿음은 예수를 알고 찾고자 하는 간절한 물음과 열망에서 출발했습니다. 나에게는 이런 간절한 물음과 열망이 있습니까?

3 믿음은 예수를 알고 찾고자 하는 열망과 더불어 하나님의 주권적인 사랑으로 우리에게 주어지는 선물입니다. 우리 편에서의 열망과 하나님의 주권적 사랑 중 무엇이 더 중요합니까? 그 이유가 무엇입니까?

4 믿음은 단순히 정보를 얻는 것이 아니라 우리와 예수 그리스도를 이어주는 것으로, 그분이 누구신지를 아는 것은 우리가 누구인가를 규정해 줍니다. 지금까지 우리는 단지 예수님이 누구신가에 대한 '정보'들을 가지고 있는 것 정도에 만족하고 있지는 않았습니까? 그분이 누구신가를 더 알고, 탐구하며, 찾아가는 과정과 그 속에서 나의 삶의 소망과 이유와 사명을 발견하는 과정이 우리 삶에 계속 이어지고 있습니까?

2강 · 응답하는 믿음

이제 두 번째 강의에서는 응답하는 믿음에 대해서 생각해 보겠습니다. 이것에 앞서 한 가지 질문을 던져 보겠습니다. 사람들이 흔히 '믿음 좋다'고 말하는 사람은 어떤 사람입니까?

교회 열심히 다니고, 모든 행사에 열심히 참여하고, 십일조 생활을 확실히 하고, 성경을 열심히 읽고, 기도에 열심이 있는 사람, 다시 말해 신앙이 없는 사람이라면 하지 않을 이런 활동을 열심히 하는 사람을 우리는 별다른 어려움 없이 '믿음 좋은 사람'이라 부릅니다. 불교 신자의 경우도 마찬가지입니다. 절에 열심히 다니고, 시주 잘 하고, 절기마다 참여하고, 독경에 관심을 두고, 기도 생활에 열심인 사람을 '신심이 깊은 사람'이라 부릅니다. 차이가 있다면 가는 곳(교회와 절), 읽는 책(성경과 불경),

앞에서 이끄는 이(목사님과 스님), 부르는 이름(하나님과 부처님)
이 다를 뿐입니다. 기도하고, 예배하고, 찬송하고, 헌금하고, 봉
사하고, 전도하는 등의 이른바 '종교 활동'이라 부를 수 있는 활
동은 불교인이나 기독인이나 거의 비슷합니다.

그런데 만일 지눌^{知訥}*이나 마르틴 루터에게 이런 종교적 행
위를 열심히 하는 사람들이 믿음 좋은 사람이냐고 묻는다면, 그들
의 대답은 '아니다!'일 것입니다. 참된 신자라면 '종교적'이라 이
름 붙일 수 있는 행위를 반드시 하겠지만, 종교적 행위를 하는 것
자체가 곧 믿음이라고 볼 수 없기 때문입니다. 무엇보다 믿음을
마음에 근거를 둔 내면적 행위로 본다는 점에서는 불교든 기독교
든 동일합니다. 마음을 떠나 믿음을 이야기할 수 없다는 것은 분
명합니다. 왜냐하면 마음이 없는 존재에게는 믿음 자체가 들어설
수 없기 때문입니다. 그렇다면 믿는다는 것은 무엇입니까?

믿음에 이르는 과정

믿음은 들음에서 나온다는 바울의 말을 심사숙고해 봅시다. 로

* 고려 신종 때의 승려(1158-1210). 선·교 양종(兩宗)의 합일을 주장하여, 구산선문
을 조계종으로 통합하였다. 저서로는 『진심직설』, 『수심결』 등이 있다.

마서 10장에서 바울은 이렇게 말합니다.

> 네가 만일 네 입으로 예수를 주로 시인하며 또 하나님께서 그를
> 죽은 자 가운데서 살리신 것을 네 마음에 믿으면 구원을 받으리
> 라. 사람이 마음으로 믿어 의에 이르고 입으로 시인하여 구원에
> 이르느니라. 롬 10:9-10

바울은 여기서 '마음으로 믿음'과 '입으로 시인하는 행위'를 말
합니다. 마음으로 믿어 의義에 이르고 입으로 시인하여 구원에
이른다는 것입니다. 그러고는 복음을 듣고 믿기까지의 과정을
일종의 '논리적 고리' 형식으로 서술합니다.

> 누구든지 주의 이름을 부르는 자는 구원을 받으리라. 그런즉 그
> 들이 믿지 아니하는 이를 어찌 부르리요. 듣지도 못한 이를 어찌
> 믿으리요. 전파하는 자가 없이 어찌 들으리요. 보내심을 받지 아
> 니하였으면 어찌 전파하리요. 롬 10:13-15

복음을 전하도록 보냄을 받은 사람이 있으면 복음 곧 "그리스
도의 말씀"(롬 10:17)을 듣게 되고, 듣게 되면 믿든지 믿지 않든
지 결정을 하게 되고, 믿게 되면 주의 이름을 부르게 되고, 부르

게 되면 누구든지 구원을 받는다고 바울은 말하고 있습니다. 여기서 복음을 전하도록 보냄을 받는 데서 구원에 이르기까지 여섯 개의 고리를 통과하는 것으로 바울은 말합니다. **보냄받음, 전함, 들음, 믿음, 주의 이름을 부름, 구원받음**이 서로 연결되어 있습니다. 이로부터 바울은 "그러므로 믿음은 들음에서 나며 들음은 그리스도의 말씀으로 말미암았느니라"(롬 10:17)는 결론을 내립니다. 우리의 주제와 관련해서 중요한 것은 들음에서 믿음으로 연결되는 과정입니다. 좀 더 자세히 들여다봅시다.

알아듣는 단계

선불교 전통에서도 믿음이 생기게 되기까지는 들음이 중요합니다. 『육조단경』의 주인공인 혜능慧能*은 원래 글 한 자도 모르는 나무꾼이었지만, 여관에 든 손님의 부탁으로 땔나무를 전해주었을 때 어느 손님이 『금강경』을 읽는 소리를 듣고 문득 마음이 밝아져 깨달음을 얻었다고 합니다. 그에게는 깨달음을 얻는 단계로 믿음이 필요 없었을 수 있지만, 듣지 않고서는 그조차도 어쩔 수가 없었습니다. 지눌은 신심을 낼 때 '자기 자신이

• 　중국 당나라의 승려(638-713). 중국 선종의 제6조로서, 남선종(南禪宗)이라는 파를 형성하였다. 『육조단경』에 그의 설법이 기록되어 있다.

본래 부처'임을 반드시 먼저 믿어야 한다고 가르쳤습니다. 선불교 전통의 이 가르침은, 인도에서 건너온 달마達磨▲ 대사가 전해준 '한 마음의 법' 곧 일심법一心法입니다. 일심법이 없이는 마음을 일으켜서 믿음을 갖기란 불가능합니다. 그러므로 깨달음을 강조하는 선불교조차도, 듣지 않고서는 믿음을 가질 수 없고 믿음 없이는 견성할 수 없기 때문에 들음과 믿음을 소중하게 생각할 수밖에 없습니다. 불교가 기독교와 마찬가지로 전도傳道와 전법傳法을 강조하는 까닭이 바로 여기에 있습니다(불교인들은 '전도'가 자신들의 것인데 기독교가 왜 쓰느냐는 말을 가끔 합니다. 용어로만 보면 그렇습니다. '도를 전한다'는 뜻의 전도는 불교인들이 먼저 쓰던 말입니다).

　　그러면 **듣는다**는 것은 무엇일까요? 우리는 귀가 있지 않고서는 들을 수 없습니다. 귀가 있다고 해도 고막에 이상이 있다면 들을 수 없습니다. 들을 수 있는 신체 조건을 갖추어야 하고, 소리가 통과할 수 있는 자연 조건이 갖추어져야 합니다. 고막을 통해 들어온 소리가 청각신경을 통해 대뇌로 전달되어야 하고, 전달된 정보가 읽힐 수 있어야 합니다. 또한 보는 것과 마찬가

▲　　중국 남북조 시대의 양나라 승려(?-534?). 중국 선종의 시조로, 반야다라에게 불법을 배워 대승선(大乘禪)을 제창하였다.

지로 무언가를 들으려면 들리는 것이 있어야 합니다. 우리는 뱃속에서 나는 소리나 심장박동 소리를 듣습니다. 이것은 내가 만들어 낸 것이 아니라 내 속에서 나는 소리이지만, 듣는 내 자신 '바깥에 실재하는 어떤 것'입니다. 우리는 내 바깥에서 들려오는 소리를 듣습니다. 환청과 실제 들음은 바깥에서 들려오는 것이냐 아니냐 하는 데 있을 것입니다. 청각 능력은 지나치게 큰 소리나 작은 소리는 들을 수 없습니다. 사람이나 문화나 지역에 따라 약간의 차이는 있을 수 있으나, 사람에게는 어느 정도 크기의 소리가 바깥에서 날 때 그것을 들을 수 있는 능력이 있습니다. 이것이 어떤 과정을 밟아 일어나는지를 서술하는 일은 신경학자나 의학자, 뇌과학자들의 일입니다. 듣는 능력이 있고 듣는 대상이 있다는 것을 전제하고, 이제 듣는다는 것이 무엇인지, 그것이 믿는다는 행위와 어떻게 관련되는지 자세히 살펴보겠습니다.

무엇보다 우리에게 먼저 떠오르는 것은 같은 소리를 듣는다고 해도 모든 사람이 다 같이 듣는 것은 아니라는 사실입니다. 듣기는 들어도 어떤 사람은 들을 수 있고 또 어떤 사람은 듣지 못할 수 있기 때문입니다. 무엇을 들으려면 알아들을 수 있어야 합니다. 무엇을 알아듣는 데는 '마음과 마음이 이어져야'關心.관심하고, 그것이 무엇인지 인지하고 판단할 수 있는 배경지식이 있어야 하며, 무엇보다 좋아해야 합니다. 그렇지 않으면, 들리는 것은 무의미한 소리일 뿐, 의미가 담긴 소리로 듣지 못합니다. 재즈를 잘 아는 사람은 재즈곡을 들을 때 그것이 언제, 누구의 작품이며 무엇을 말하는지 알아듣습니다. '아는 만큼 보인다'는 말은 듣는 데도 적용됩니다. '아는 만큼 들린다.' 제대로 듣자면 마음이 가야 하고, 좋아해야 하며, 알아야 하고, 더욱더 알고 싶은 의지가 있어야 합니다. 그러면 그럴수록 더 잘 들을 수 있고, 더 잘 들으면 들을수록 더 잘 알게 되고 더 잘 이해하게 됩니다.

우리가 예수에 대해서 듣든지 부처에 대해서 듣든지, 우선 무슨 말인지 알아들어야 합니다. 알아듣기 위해서는 무슨 말인지 말뜻을 알아야 합니다. 말뜻을 알기 위해서는 그 말이 쓰이는 전체 맥락을 알아야 합니다. 예를 들어, "예수는 주이며 그리스도다"라는 말을 듣는다고 합시다. 첫 단계는 이 문장을 알아들어야 합니다. 예수가 누구이며, '주'가 무슨 뜻이며, '그리스도'라고 하는 것이 무슨 말인지 알아들어야 합니다. 그렇지 않고서는 소귀에 경 읽기입니다. 알아듣기 위해서는 (불트만*이 강

● 독일의 신학자(1884-1976). 신약성경의 양식사적 연구를 개척하였고, 비신화화를 제창하였으며, 실존론적 해석을 꾀하였다. 저서로는 『예수』, 『신약성경의 신학』, 『역사와 종말론』 등이 있다.

조한 것처럼) '앞선 이해' 곧 선이해先理解, Vorverständis가 있어야 합니다. 선이해가 생기려면 비슷한 삶의 지평, 비슷한 관용구의 사용, 비슷한 사고방식이 있어야 합니다. 이스라엘 사람들은 "예수는 메시아시다"라는 말을 들을 때 그 말이 무엇을 뜻하는지 알아들었습니다. 그들의 문화와 종교에는 그들을 구원할 메시아에 대한 이해와 기다림이 있었습니다. 그러므로 베드로가 하나님의 영으로 충만하여 예루살렘 사람들에게 "너희가 십자가에 못박은 이 예수를 하나님이 주와 그리스도[메시아]가 되게 하셨느니라"(행 2:36)고 했을 때, 이스라엘 사람들은 그 말이 무슨 뜻인지 알아들었습니다. 그러지 않고서는 그들 마음에 찔림이 생길 수 없었습니다. 그러나 로마나 그리스 문화권 사람들은 메시아를 알지 못했습니다. 빌립보 감옥에서 바울은 간수들에게 "주 예수를 믿으라. 그리하면 너와 네 집이 구원을 받으리라"(행 16:31)고 하였습니다. 예수가 '주'라는 말은 로마 황제를 '주' 곧 '큐리오스'Kyrios로 섬기는 문화에서는 익숙했기 때문에, 그들이 이 증언을 받아들이든 받아들이지 않든 간에 적어도 사도들이 무슨 말을 하는지 그들은 알아들을 수 있었습니다. 이렇듯 무엇을 믿으려면 무슨 말인지, 무슨 뜻인지 알아들을 수 있어야 합니다.

놀라고, 생각하고, 받아들이는 단계

여기서 다시 물어봅시다. 알아듣는 것만으로 누구나 믿음에 이를까요? 그렇지 않습니다. 믿음에 이르기 위해서는 알아듣는 것만으로 충분하지 않습니다. 알아들었으면 당연히 그 내용에 대해서 놀라게 됩니다. '예수가 메시아'라는 것이나 '예수가 구주요 주'라는 것은 '현재 미국의 대통령은 트럼프다'라는 말과는 달리 듣는 사람에게 놀라움을 안겨 줍니다. 왜냐하면 당연한 것이 아니기 때문입니다.

이러한 놀라움은 세 번째 단계를 산출합니다. 생각하게 만드는 것입니다. 과연 예수 그리스도가 메시아이며 주이신가? 무엇을 통해서, 어떤 증거로 그분을 나의 메시아로, 나의 구주로, 나의 주로 받아들여야 하는가?

생각하는 단계를 통해서 예수가 누구인지, 나는 누구인지, 만일 내가 나에게 전해진 메시지를 수용하면 그것이 나의 삶과 어떤 관계가 있는지 생각하는 단계에 들어섭니다. 나의 희망과 두려움이 여기서 중요한 역할을 하게 됩니다. **믿는다는 것은 단순히 지적으로 알고 동의하는 데 그치지 않고 무엇보다도 내가 절실하게 원하고, 내 자신을 맡기고 의탁하며 신뢰해야 하기 때문입니다.** 그런데 내가 누구이고, 어디에 있으며, 나에게 무슨 문제가 있는지, 내가 바라고 두려워하는 것이 무엇인지 알기까지는 자란 문화와 개인적 체험, 개인적 인식도 중요하지만, 가령 '예수는 구주'라는 말이 지금까지 보지 못한 자신의 모습을 보여주는 거울이 될 수 있습니다. 예수가 나에게 구주가 될 수 있다는 것은 나는 건짐이 필요한 존재, 치료가 필요한 존재임을 인식하는 계기가 됩니다. 예수에 대한 지식과 나에 대한 지식은 이런 방식으로 필연적으로 연관될 수밖에 없습니다. 왜냐하면 '예수는 구주'라는 메시지는 역사적 사실에 관한 정보를 얻는 일에 그치지 않고, 나의 결단을 요구하는 실존적 진술이기 때문입니다. 사람에 따라 이 과정이 지극히 짧을 수도 있고 한평생 갈 수도 있습니다. '사영리' 전도 책자로 전도받고 그 자리에서 곧장 예수를 영접하는 사람이 있는가 하면, 성경을 읽고 복음에 관심을 가지고 있으면서도 결단을 내리지 못하다가 세상을 떠나거나, 아니면 떠나기 직전에 예수를 주로 고백하는 경우도 있습니다. 진정한 신앙에는 이 과정이 생략될 수 없습니다.

이렇게 보면, 들음에서 믿음으로 넘어가기까지의 과정은 네 단계를 밟습니다. 우선 예수에 관해서 하는 말을 **알아듣고**, 두 번째로 **놀라고**, 세 번째로 내용을 **생각하고**, 마지막으로 **수긍하여 받아들이거나 거부하거나 유보하거나 아니면 무관심하게** 됩니다. 중요한 것은 역시 네 번째 단계입니다. 음악 들을 때를 보십시오. 적극적으로 듣거나, 꺼버리거나, 소리가 나지만 아예 무시할 수 있습니다. 예수와의 관계도 마찬가지입니다. 수용하거나 수용하지 않거나 둘 중 하나입니다. 수용하지 않을 경우에는 적극적으로 거부하거나 유보하거나 무관심할 수 있지만, 수용하지 않는다는 점에서 동일한 결과를 가져옵니다.

믿는다는 것은 무엇인가

그렇다면 믿는다는 것은 무엇입니까? 어떤 행위를 일컬어 믿는다고 합니까? 지금까지 들음에서 믿음에 이르기까지의 단계와 조건을 살펴보았다면, 믿게 되는 단계 곧 믿고자 하는 마음을 내는 단계에서는 무엇이 두드러지게 드러납니까? 이 대목에서 다시 로마서 10장으로 가서 바울의 말을 들어 봅시다. 바울은 무엇이라 말합니까?

> 네가 만일 네 입으로 예수를 주로 시인하며 또 하나님께서 그를 죽은 자 가운데서 살리신 것을 네 마음에 믿으면 구원을 받으리라. 사람이 마음으로 믿어 의에 이르고 입으로 시인하여 구원에 이르느니라. 롬 10:9-10

여기서 '예수를 주로 시인한다', '하나님께서 예수를 죽은 자 가운데 살리신 것을 믿는다'는 말은 그 뜻이 비슷한 말입니다. '마음으로 믿어 의에 이른다', '입으로 시인하여 구원에 이른다'는 말도 비슷합니다. '시인한다'*homologeo*는 말은 무엇을 '긍정적으로 인정한다', '고백한다'는 뜻입니다. 고백은 내가 알고 있거나 믿고 있는 바를 타인이 알아듣도록 사실대로 드러내는 일입니다. 다시 말해, 믿는다는 것은 믿음의 내용이 되는 사실이 참이라고 시인하는 것입니다.

'시인한다'거나 '믿는다'거나 할 때 가장 기초적인 것은, 완벽하게 알지는 못하지만 무슨 말인지 우선 **이해하고 알아듣는 것**입니다.

이해하고 알아들었다면, 두 번째는 그 말을 **사실로, 참된 것으로 인정하는 것**입니다. 전혀 알지 못하고서는 참된 것으로 인정할 수 없고, 어느 정도 알았다고 해도 참인 것으로 인정하지 않고서는 믿는다고 할 수 없습니다.

세 번째는 **받아들이는 것**입니다. '예수를 주로 믿는다', '예수의 이름을 믿는다'는 것은 예수를 받아들이고 영접하는 것입니다. 다시 말해, 예수를 믿는다는 것은 그분을 받아들여 그분을 따라 살아가겠다고 결단하는 일입니다. 받아들일 때는 좋아하는 감정뿐 아니라 무엇보다 의지가 개입합니다. "원하지 않고서는 아무도 믿지 않는다"*Nemo credit nisi volens*는 아우구스티누스의 말처럼, 믿고자 하는 마음을 나 스스로 내지 않고서는(불교에서 쓰는 표현을 빌리면, '발심'發心하지 않고서는) 예수를 받아들일 수 없습니다.

요컨대 예수를 구주와 주로 받아들인다는 것은 그분이 구주와 주이심을 깨달아 알고, 그분이 나의 주이심을 동의하는 마음으로 입으로 고백하고, 그분께 나의 삶과 죽음, 나의 모든 것을 맡기고 의존하고 신뢰하고 의탁하고 맡겨서 내가 살아 있는 동안 그분을 따라 살아가겠다고 다짐하는 것입니다. 토마스 아퀴나스•와 루터와 칼뱅이 신앙fides에는 세 요소가 있다고 본 것은 바로 이 때문입니다. 앎notitia, knowledge, 동의assensus, assent, 맡김 곧 신뢰fiducia, trust가 그것입니다. 이처럼 예수 그리스도가 주시라는 것을 알고, 동의하고, 그분께 삶을 맡기는 데는 지성과 감정과 의지가 모두 개입됩니다. 이렇게 보면 예수 그리스도를 믿는다는 것은 온 몸과 온 마음이 개입된 행위입니다.

다음 내용으로 넘어가기 전에 잠시 두 가지만 덧붙이겠습니다. 아마 여러분 가운데 믿음을 말하면서 왜 선불교를 이야기하는지 궁금해할 분이 계실 듯합니다. 앞에서 지눌과 혜능을 언

• 이탈리아 출신의 신학자(1225?-1274). 도미니코회 수사로 출발하여 평생을 복음 전도에 힘썼으며 '스콜라 철학과 신학'을 집대성한 대표적 중세 신학자다. 저서로는 『신학 대전』, 『대이교도 대전』 등이 있다.

급한 까닭은, 자력 구원을 강조하는 선불교에서도 믿음이 강조됨을 잠시 보여주려고 한 것입니다. 일본의 신란親鸞*이 세운 정토진종淨土眞宗은 특이하게도 '오직 믿음'만을 강조합니다. 하지만 우리에게 익숙한 선불교 전통은 철저하게 자력에 의한 깨우침을 강조하는 종파입니다. 그럼에도 지눌은 자력에 의한 깨달음에 도달하기까지는 '믿음의 마음'信心. 신심이 바탕이 됨을 매우 강조하였습니다. 믿음의 마음이란 '내 자신이 원래 부처'라는 원리, 이 명제를 굳게 붙잡는 마음입니다. 이 마음을 가지고 깨달음에 도달하기까지 용맹정진하라고 선불교는 가르칩니다. 그러나 불교 전통은 역시 인격적 만남보다는 원리와 이치를 강조합니다. "부처를 만나면 부처를 죽이고 조사祖師를 만나면 조사를 죽이라"는 말은 이런 배경에서 나왔습니다. 부처나 조사는 깨달음에 오히려 큰 방해거리가 된다고 보기 때문입니다.

그런데 기독교 신앙은 어떻습니까? 무엇을 믿는가도 중요하지만 기독교 신앙에서는 삼위 하나님을 알고, 그분을 받아들이고, 그분께 신뢰를 두는 것이 무엇보다 중요합니다. 교리나 세계관, 기독교 신학과 철학을 아는 것도 좋지만, 이 모든 것에

● 일본 가마쿠라 시대의 불교 승려(1173-1262). 부처에 대한 오직 믿음만으로 극락에 이를 수 있다고 보고 정토진종(淨土眞宗)을 세웠다. 자력을 중시하는 불교 전통과는 다른 타력을 강조하였다. 저서로는 『정토화찬』 등이 있다.

앞서 예수 그리스도를 통해 삼위 하나님과 인격적 관계를 맺는 것이야말로 신앙에서 으뜸되는 일이요, 우리가 무엇보다 추구해야 할 일입니다. 왜냐하면 구원은 앞에서도 이야기했듯이, 하나님은 우리의 하나님이 되고 우리는 하나님의 백성으로 언약 관계 안에 들어감에 있기 때문입니다. 인도의 전도자 선다 싱▲이 기독교로 개종한 뒤의 일화입니다. 선다 싱이 다니던 대학 교수로부터 기독교에서 무엇을 발견했냐는 질문을 받고는, "저는 그리스도를 발견하였습니다"라고 답하였습니다. 그 교수가 다시 "아니, 그리스도를 묻는 것이 아니고 무슨 원리, 무슨 가르침을 발견했는가?"라고 되묻자, 그가 "내가 발견한 특별한 것은 바로 그리스도입니다"라고 답했다고 합니다. 무엇보다 그리스도를 아는 것, 그리스도를 통해 성부 하나님과 성령 하나님을 아는 것이 기독교 신앙이고, 이 가운데 구원이, 이 가운데 영생이 있다고 믿습니다.

두 번째로 이것을 언급하고 싶습니다. 우리는 믿음의 행위를 통해서 우리 자신의 자유와 개체성, 그리고 타자의 존재를 체험하게 됩니다. 알아듣고, 놀라고, 생각하고, 받아들이거나 거

▲ 인도의 전도자(1889-1929). '인도의 성자', '맨발의 전도자'로 불린다. 극적 체험을 통해 회심하고 무일푼의 사두가 되어 순례 생활을 시작한 후, 23년 동안 네 개 대륙 스무 나라를 순례하며 많은 사람들에게 깊은 영향을 미쳤다.

부할 때, 나는 전적으로 나에게 주어진 자유를 행사합니다. 믿음에는 어떠한 강제가 들어설 자리가 없습니다. 외부의 강요가 있을 때 믿는 척은 할 수 있지만 아무도 강제로 믿게 할 수 없습니다. 믿음은 전적으로 나의 자유에 달려 있습니다. 내가 믿는다고 할 때, 나는 누구에게도 종속될 수 없는 나의 자유를 독립된 개체로서 체험합니다. 개체성의 자유를 체험하는 계기가 물론 믿음에만 있는 것은 아닙니다. 내가 내 몸을 마음대로 움직일 때, 내가 원하는 대로 걸어갈 때, 내가 먹고 싶은 음식을 골라 먹을 때, 내가 하고 싶은 말을 할 때 나는 나의 자유를 체험합니다. 이런 행위들을 통해 나는 나의 개체성을 체험합니다. 하지만 몸을 움직이거나 걷거나 밥을 먹거나 말하는 것에 대해서는 강요가 가능합니다. 군대생활에서 경험하듯이 때로는 강요받은 몸짓, 강요받은 걷기, 강요받은 먹기, 강요받은 말하기를 할 수 있습니다. 집단의 논리가 지배하고 개체성이 무시될 수 있습니다. 이와는 달리 강요받은 믿음은 불가능합니다. 왜냐하면 내가 스스로 나의 의지를 통해서 믿지 않고서는 믿을 수 없기 때문입니다.

15세기 스페인에서 종교재판이 한창일 때 유대교에서 가톨릭으로 강제로 개종한 마라노들은 믿음을 받아들인 것으로 가장하여 행동할 수 있었지만, 실제로는 자신들이 가톨릭 신앙을 받아들인 것이 아님을 분명히 의식하였습니다(강제로 가톨릭교회에 개종했다가 나중에 유대교로 돌아온 사람들을 유대인들은 '아누심'이라 불렀습니다). 믿음은 전적으로 자유로운 행동입니다. 그럼에도 믿음은 타자를 배제하지 않습니다. 타자를 배제하기는커녕 오히려 타자 때문에 믿음이 시작됩니다. 만일 믿음이 들음에서 나오는 것이라면 믿음은 타자를 배제할 수 없습니다. 왜냐하면 타자가 나에게 말을 건네거나 믿음을 증언하지 않는다면(또는 나에게 전달된, 예컨대 성경을 읽지 않는다면) 믿음에 이르는 길은 처음부터 차단되기 때문입니다. 내가 타자에게 열릴 때, 타자가 나를 찾아와 줄 때, 타자에게 귀 기울이고 타자의 말을 들을 때, 그리고 이를 바탕으로 스스로 생각하고 결단함으로 나는 믿음에 들어설 수 있습니다. 믿음의 행위 곧 '믿는다'는 행위를 통해서 나는 나의 자유와 개체성, 그리고 나보다 앞서 믿음에 들어서서 믿음을 증언하는 타인에게 마음을 여는 경험을 하게 됩니다. 여기에는 말 건넴이 있고 부름이 있고 초청이 있습니다. 믿음은 말 건넴에 대한 반응이요, 부름에 대한 호응이며, 초청에 대한 응답입니다. 말을 건네고 부르고 초청하시고 찾아오시는 분은 하나님입니다. 믿음은 나를 찾으시고, 나에게 찾아오시며, 나를 방문하시는 그분에 대한 응답입니다. 이 응답은 앞에서도 말했듯이 온 몸과 온 마음이 개입되는 행위입니다.

응답하는 믿음의 핵심

만일 믿음을 이렇게 본다면, 이 믿음은 믿는 순간뿐만 아니라 우리가 살아 숨 쉬는 동안 지속되어야 하는 것이 아닐까요? 그렇다면 '믿는다는 것은 우리의 일상적 삶과 어떤 관련이 있는가?'라는 물음을 던지지 않을 수 없습니다. 이 물음은 아브라함의 경우를 통해서 답해 볼 수 있습니다. 바울은 여러 곳에서 아브라함을 일컬어 믿음의 조상 가운데도 대표적 인물로 지목합니다. 갈라디아서 3:9을 보면 "그러므로 믿음으로 말미암은 자는 믿음이 있는 아브라함과 함께 복을 받느니라"고 말하고, 갈라디아서 3:7에서는 좀 더 명시적으로 "그런즉 믿음으로 말미암은 자들은 아브라함의 자손인 줄 알지어다"라고 말합니다. 또한 로마서 4:16에서는 "그러므로 상속자가 되는 그것이 은혜에 속하기 위하여 믿음으로 되나니 이는 그 약속을 그 모든 후손에게 굳게 하려 하심이라. 율법에 속한 자에게 뿐만 아니라 아브라함의 믿음에 속한 자에게도 그러하니 아브라함은 우리 모든 사람의 조상이라"고 말합니다. 믿음에서, 믿음을 통해서 아브라함은 모든 이의 조상이라는 말입니다. 이렇게 보면, 예수께서 삭개오의 믿음을 보시고 그를 아브라함의 자손이라 부른 것은 이상할 것이 전혀 없습니다. 삭개오는 믿음으로 아브라함의 자손이 되었다는 선포를 들었습니다.

그러면 아브라함의 믿음은 도대체 어떤 것입니까? 무엇을 일컬어 아브라함이 "믿었다"고 말할 수 있습니까? 키에르케고어*는 아브라함의 어떤 행동을 두고 "믿음의 기사騎士"라고 부를 수 있었을까요? 오늘 우리의 삶, 우리 일상의 삶에 아브라함의 경우를 적용시킨다면 어떻게 믿음에 관해서 말할 수 있습니까?

히브리서 기자는 아브라함의 믿음에 대해서 이렇게 말합니다(조금 길지만 인용합니다).

믿음으로 아브라함은 부르심을 받았을 때에 순종하여 장래의 유업으로 받을 땅에 나아갈새 갈 바를 알지 못하고 나아갔으며 믿음으로 그가 이방의 땅에 있는 것같이 약속의 땅에 거류하여 동일한 약속을 유업으로 함께 받은 이삭 및 야곱과 더불어 장막에 거하였으니 이는 그가 하나님이 계획하시고 지으실 터가 있는 성을 바랐음이라. 믿음으로 사라 자신도 나이가 많아 단산하였으나 잉태할 수 있는 힘을 얻었으니 이는 약속하신 이를 미쁘신 줄 알

● 덴마크의 신학자이자 철학자(1813-1855). 실존의 문제를 제기하여 '실존 철학'의 선구자가 되었으며 칼 바르트를 비롯한 20세기 신학과 철학에 큰 영향을 끼쳤다. 저서로는 『죽음에 이르는 병』, 『불안의 개념』 등이 있다.

았음이라. 이러므로 죽은 자와 같은 한 사람으로 말미암아 하늘의 허다한 별과 또 해변의 무수한 모래와 같이 많은 후손이 생육하였느니라.……아브라함은 시험을 받을 때에 믿음으로 이삭을 드렸으니 그는 약속들을 받은 자로되 그 외아들을 드렸느니라. 그에게 이미 말씀하시기를 네 자손이라 칭할 자는 이삭으로 말미암으리라 하셨으니 그가 하나님이 능히 이삭을 죽은 자 가운데서 다시 살리실 줄로 생각한지라. 비유컨대 그를 죽은 자 가운데서 도로 받은 것이니라.

히 11:8-19

이 구절을 보면 크게 네 사건이 아브라함(사라를 포함해서)의 믿음과 관련해서 서술되어 있습니다. 첫 번째가 하나님께서 갈대아 우르에서 부르신 사건에 응답하여 나그네로 길 떠난 사건이고, 두 번째가 뭇별과 같이 자손들을 주시겠다고 하나님이 약속하셨을 때 그것을 믿은 사건이고, 세 번째가 사라의 죽은 태에서 아들을 잉태하게 되리라는 하나님의 약속을 믿은 사건이고, 네 번째가 모리아 산에서 이삭을 제단에 바친 사건입니다. 여기서 우리는 아브라함의 믿음의 행위가 어떤 것인지를 볼 수 있습니다.

"여호와의 말씀을 따라갔고"

창세기 12장을 보십시오.

> 여호와께서 아브람에게 이르시되 너는 너의 고향과 친척과 아버지의 집을 떠나 내가 네게 보여줄 땅으로 가라. 내가 너로 큰 민족을 이루고 네게 복을 주어 네 이름을 창대하게 하리니 너는 복이 될지라. 너를 축복하는 자에게는 내가 복을 내리고 너를 저주하는 자에게는 내가 저주하리니 땅의 모든 족속이 너로 말미암아 복을 얻을 것이라 하신지라. 이에 아브람이 **여호와의 말씀을 따라갔고** 롯도 그와 함께 갔으며 아브람이 하란을 떠날 때에 칠십오 세였더라.
>
> 창 12:1-4

아브라함의 행위에서 무엇이 두드러집니까? 하나님의 약속과 명령에 대한 그의 순종입니다. 하나님은 아브라함에게 큰 민족을 이루고 그에게 복을 주어 그가 다른 사람들에게 복이 되게 하겠다는 약속을 합니다. 그리고 고향과 친척과 아버지의 집을 떠나 하나님이 보여줄 땅으로 가라는 명령을 합니다. 이 명령에 대한 아브라함의 반응은 "아브람이 여호와의 말씀을 따라갔고"(창 12:4)라고 서술되어 있습니다. 한마디로 하나님의 말씀에 순종한 것입니다. 아무런 질문도, 조건도, 요구도 없이 하나님의 약속과 명령을 듣고 그것을 따라 행동하였습니다.

"여호와를 믿으니"

두 번째 사건은 창세기 15장에 나옵니다.

> 이 후에 여호와의 말씀이 환상 중에 아브람에게 임하여 이르시되
> 아브람아, 두려워하지 말라. 나는 네 방패요 너의 지극히 큰 상급
> 이니라. 아브람이 이르되 주 여호와여, 무엇을 내게 주시려 하나
> 이까. 나는 자식이 없사오니 나의 상속자는 이 다메섹 사람 엘리
> 에셀이니이다. 아브람이 또 이르되 주께서 내게 씨를 주지 아니
> 하셨으니 내 집에서 길린 자가 내 상속자가 될 것이니이다. 여호
> 와의 말씀이 그에게 임하여 이르시되 그 사람이 네 상속자가 아
> 니라 네 몸에서 날 자가 네 상속자가 되리라 하시고 그를 이끌고
> 밖으로 나가 이르시되 하늘을 우러러 뭇별을 셀 수 있나 보라. 또
> 그에게 이르시되 네 자손이 이와 같으리라. **아브람이 여호와를 믿**
> **으니 여호와께서 이를 그의 의로 여기시고** 또 그에게 이르시되 나
> 는 이 땅을 네게 주어 소유를 삼게 하려고 너를 갈대아인의 우르
> 에서 이끌어 낸 여호와니라.   창 15:1-7

여기서 두드러진 아브라함의 행동은 무엇입니까? 앞의 경우와

달리 그는 질문을 합니다. "주 여호와여, 무엇을 내게 주시려 하나이까. 나는 자식이 없사오니"(창 15:2). 이 질문은 요청을 포함합니다. 하나님이 큰 민족을 이루고 복을 주시겠다고 한다면, 자신에게는 아직 없는 아들을 주셔야 하지 않겠느냐는 것입니다. 이에 하나님은 아브라함에게 무엇을 약속하십니까? 뭇별들을 보이면서 자손을 그와 같이 많이 주겠다고 약속하십니다. 하나님의 약속에 대한 반응은 "아브람이 여호와를 믿으니"(창 15:6)라고 기록되어 있습니다. 아브라함이 하나님을 신뢰했다는 말입니다. 하나님께서 그렇게 해주실 것을 신뢰하고 그분께 미래를 맡긴 것입니다. **이렇게 하나님의 약속에 대해서 신뢰하고 맡기는 행위를 보고 하나님은 그것을 그의 의로 여기셨다고** 성경은 기록하고 있습니다(창 15:6).

"하나님이…말씀하신 대로…베었으니"

세 번째 사건을 보십시오. 창세기 17장에 나옵니다. 하나님이 아브라함을 통해서 이스라엘 백성과 언약을 맺으면서 할례 예식을 치르도록 명령합니다. 그 가운데 하나님은 사라의 태를 통해서 이삭을 주실 것을 약속합니다(다시 긴 인용입니다).

하나님이 또 아브라함에게 이르시되 네 아내 사래는 이름을 사래라 하지 말고 사라라 하라. 내가 그에게 복을 주어 그가 네게 아들을 낳아 주게 하며 내가 그에게 복을 주어 그를 여러 민족의 어머니가 되게 하리니 민족의 여러 왕이 그에게서 나리라. 아브라함이 엎드려 웃으며 마음속으로 이르되 백 세 된 사람이 어찌 자식을 낳을까. 사라는 구십 세니 어찌 출산하리요 하고. 아브라함이 이에 하나님께 아뢰되 이스마엘이나 하나님 앞에 살기를 원하나이다. 하나님이 이르시되 아니라. 네 아내 사라가 네게 아들을 낳으리니 너는 그 이름을 이삭이라 하라. 내가 그와 내 언약을 세우리니 그의 후손에게 영원한 언약이 되리라. 이스마엘에 대하여는 내가 네 말을 들었나니⋯⋯내 언약은 내가 내년 이 시기에 사라가 네게 낳을 이삭과 세우리라. 하나님이 아브라함과 말씀을 마치시고 그를 떠나 올라가셨더라. 이에 아브라함이 **하나님이 자기에게 말씀하신 대로** 이날에 그 아들 이스마엘과 집에서 태어난 모든 자와 돈으로 산 모든 자 곧 아브라함의 집 사람 중 모든 남자를 데려다가 그 **포피를 베었으니** 아브라함이 그의 포피를 벤 때는 구십구 세였고 그의 아들 이스마엘이 그의 포피를 벤 때는 십삼 세였더라.   창 17:15-25

여기서는 믿음이 두드러지게 나타나지 않는다고 말하는 이도 있을 것입니다. 하나님께서 이삭을 약속했을 때 아브라함은 웃었습니다. 그럴 수밖에 없는 것이, 그의 나이가 많았을 뿐 아니라 사라도 아이 낳을 나이가 지난 지 이미 오래되었기 때문입니다. 오히려 하갈을 통해 낳은 자신의 자식 이스마엘을 아브라함은 자신의 자손들이 번성할 통로로 생각하였습니다. 그래서 이스마엘이나 하나님 앞에서 살기를 원한다고 말했습니다. 그럼에도 아브라함은 하나님의 명령을 수용하여 할례를 행했습니다. 여기서도 우리는 아브라함의 순종을 볼 수 있습니다.

"내가 여기 있나이다"

이삭이 태어난 뒤 하나님의 명령이 또 있었습니다. 바로 창세기 22장에 기록되어 있는 네 번째 사건입니다(다시 긴 인용입니다).

그 일 후에 하나님이 아브라함을 시험하시려고 그를 부르시되 아브라함아, 하시니 그가 이르되 **내가 여기 있나이다.** 여호와께서 이르시되 네 아들 네 사랑하는 독자 이삭을 데리고 모리아 땅으로 가서 내가 네게 일러 준 한 산 거기서 그를 번제로 드리라. 아브라함이 아침에 일찍이 일어나 나귀에 안장을 지우고 두 종과 그의 아들 이삭을 데리고 번제에 쓸 나무를 쪼개어 가지고 떠나 하나님이 자기에게 일러 주신 곳으로 가더니 제삼일에 아브라함이 눈을 들어 그 곳을 멀리 바라본지라. 이에 아브라함이 종들에게 이르되 너희는 나귀와 함께 여기서 기다리라. 내가 아이와 함께 저기 가서 예배하고 우리가 너희에게로 돌아오리라 하고 아브라함이 이에 번제 나무를 가져다가 그의 아들 이삭에게 지우고 자기는 불과 칼을 손에 들고 두 사람이 동행하더니. 이삭이 그 아버지 아브라함에게 말하여 이르되 내 아버지여, 하니 그가 이르되 내 아들아, **내가 여기 있노라.** 이삭이 이르되 불과 나무는 있거니와 번제할 어린 양은 어디 있나이까. 아브라함이 이르되 내 아들아, 번제할 어린 양은 하나님이 자기를 위하여 친히 준비하시리라 하고 두 사람이 함께 나아가서 하나님이 그에게 일러 주신 곳에 이른지라. 이에 아브라함이 그 곳에 제단을 쌓고 나무를 벌여 놓고 그의 아들 이삭을 결박하여 제단 나무 위에 놓고 손을 내밀어 칼을 잡고 그 아들을 잡으려 하니 여호와의 사자가 하늘에서부터 그를 불러 이르시되 아브라함아, 아브라함아, 하시는지라. 아브라함이 이르되 **내가 여기 있나이다** 하매 사자가 이르시되 그 아이에게 네 손을 대지 말라. 그에게 아무 일도 하지 말라. 네가 네 아들 네 독자까지도 내게 아끼지 아니하였으니 내가 이제야 네가 하나님을 경외하는 줄을 아노라. 아브라함이 눈을 들어 살펴본즉 한 숫양이 뒤에 있는데 뿔이 수풀에 걸려 있는지라. 아브라함이 가서 그 숫양을 가져다가 아들을 대신하여 번제로 드렸더라. 아브라함이 그 땅 이름을 여호와 이레라 하였으므로 오늘날까지 사람들이 이 말씀은 유대교 전통에서 '아케다'^{Akedah, 결박}라고 알려진 유명한 사건입니다. 이 사건에서 두드러진 행위는 무엇입니까? 이 사건에는 어떤 약속이 없고 다만 명령만 있을 뿐입니다. 아들을 바치라는 명령에 대해 아브라함은 어떤 질문도 물음도 제기하지 않고, 어떤 요청이나 간청도 하지 않았습니다. 하나님의 엄청난 요구에 대해서 아브라함이 할 수 있는 것은 침묵밖에 없었습니다. 그가 한 일은, 앞의 경우에서 볼 수 없는 표현 "힌네니"^{Hinneni} 곧 "내가 여기 있나이다"(창 22:1, 11)라고 자신을 하나님 앞에 내어놓은 일입니다(히브리어 '힌네니'는 직역하면 "나를 보십시오", 의역하면 "내가 여기 있습니다"라는 뜻입니다. 부름에 응답하는 믿음의 태도라 하겠습니다).

아브라함은 자신을 온전히 하나님의 명령 앞에 내어놓았습니다. 하나님의 처분에 자신을 완전히 맡겼습니다. 이사야 선지자를 보십시오. 하나님이 "내가 누구를 보내며 누가 우리를 위하여 갈꼬" 하실 때, 이사야는 "힌네니", "내가 여기 있나이다. 나를 보내소서"라고 응답하였습니다(사 6:8). 모세도 마찬가지입니다. 하나님이 떨기나무 가운데서 "모세야, 모세야" 부르실 때, 모세는 "힌네니", "내가 여기 있나이다"라고 응답하였습니다(출 3:4). 아브라함은 이사야와 모세와 마찬가지로, 아니, 그들에 앞서, 하나님의 부름에 "힌네니", "내가 여기 있나이다"라고 응답하는 믿음을 보였습니다. 아브라함의 응답하는 마음은 아들 이삭의 부름에도 "힌네니", "내가 여기 있노라"(창 22:7)는 말로 이어집니다.

아브라함이 "내가 여기 있나이다" 하고 부름에 반응할 때, 그곳에 이제 더 이상 자신은 없습니다. 자기주장은 없고 오직 하나님만 중심에 서 있습니다. 아들을 번제로 바치라는 명령을 접할 때 아브라함은 자신을 완전히 버렸습니다. 번제를 위한 사흘 길 여행을 준비하고 땔감을 준비하고 손에는 불과 칼을 들고 모리아산으로 나아갈 때, 아브라함은 더 이상 없었습니다. 아브라함에게는 오직 받은 명령만 있었습니다. 아브라함은 명령받은 대로 발걸음을 옮겨 아이를 결박하고 칼을 손에 쥐고 내려치려 했습니다. 그때 하나님은 아브라함의 행동을 멈추게 했습니다. 아브라함이 이삭조차도 마치 자기 것이 아닌 것처럼, 아니, 마치 하나님 명령 외에, 하나님 외에 아무것도 존재하지 않는 것처럼 행동하는 것을 보고 하나님은 아브라함이 자신을 참으로 경외함을 알았습니다.

여기서 우리는 아브라함의 믿음의 핵심을 볼 수 있습니다. 아브라함의 믿음은 "주여, 내가 여기 있나이다", "나를 당신이 원하는 대로 사용하여 주소서"라는 태도에서 나타납니다. 여기에 '나'는 전혀 없을까요? 있습니다. 그러나 더 이상 '자기를 주장하는 나'가 아닙니다. "내 생각에는…", "내 뜻은…"이라고 주장하는 '나'가 아니라 하나님 앞에 내어놓은 나, 그래서 '하나님이 주체가 되고 내가 그 부름에 응해 그 맞은편에 세운 나'입니다. 여기서 나는 완전한 수동 상태의 나이지만, 그럼에도 여전히 행동하는 나입니다. 행동하는 나이지만 중요한 차이는 더 이상 '자기주장을 하는 나'가 아니라 '부름에 응답하는 나, 다시 말해 '책임적인 나', '하나님의 처분에 맡기고 따르는 종으로서의 나'입니다. 에마뉘엘 레비나스*가 말하는 '수동적 주체'입니다. 그러므로 자기주장의 주체와는 전혀 다른 모습의 나입니다.

그런데 그러한 나가 어떻게 가능합니까? 다음의 히브리서 기자의 해석을 비로소 여기 끌어들여 이해를 시도해 볼 수 있습니다.

아브라함은 시험을 받을 때에 믿음으로 이삭을 드렸으니 그는 약속들을 받은 자로되 그 외아들을 드렸느니라. 그에게 이미 말

• 유대계 프랑스 철학자(1906-1995). '타자의 철학'을 수립했으며, 저서로는 『시간과 타자』, 『전체성과 무한』, 『존재에서 존재자로』, 『존재와 다르게』 등이 있다. 저자의 『타인의 얼굴』(문학과지성사) 참조.

씀하시기를 네 자손이라 칭할 자는 이삭으로 말미암으리라 하셨으니 그가 하나님이 능히 이삭을 죽은 자 가운데서 다시 살리실 줄로 생각한지라. 비유컨대 그를 죽은 자 가운데서 도로 받은 것이니라.

히 11:17-19

게르하르트 폰 라트*는 그의 『아브라함의 제사』라는 유명한 책에서 아브라함의 믿음을 히브리서와 루터가 다 같이 부활 신앙으로 이해하는 것에 대해서 비판하였습니다. 하지만 과연 고대 이스라엘 사람들에게 죽은 뒤 다시 살아남에 대한 의식이나 이해가 없었다고 단언할 수 있을지 궁금합니다. 죽은 태에서 이삭을 태어나게 하신 분이 이삭을 죽은 자 가운데서 다시 살리시거나, 아니면 새로운 자식을 통해서 하나님이 자신의 대를 잇게 하시리라는 소망을 아브라함이 가졌다고 말할 수 없는 근거가 무엇인지 물어볼 수 있습니다.

아브라함의 행위가 믿음에서 우러나온 행위라면, 그 행위는 하나님에 대한 사랑 곧 하나님을 자신의 삶의 중심으로 삼고 자신은 오히려 하나님에 대해서 변방이 되어 그분의 말씀

● 독일의 구약학자(1901-1971). 저서로는 『구약성서 신학』, 『거룩한 전쟁』, 『창세기 주석』 등이 있다.

과 명령대로 순종하는 삶에서 비롯된 행위이며, 미래를 만드시고 미래를 여시는 하나님의 행동에 대한 소망에서 비롯된 행위라고 말할 수 있습니다. 만일 그러한 소망이 없었다면, 아브라함은 하나님 나라에 대한 약속을 신뢰하지도 하나님의 명령에 순종하지도 못했을 것입니다. 하나님께 둔 소망, 이것은 믿음을 미래에서부터 지탱하게 해주고 이끌어 주는 힘이라고 할 수 있을 것입니다.

그러므로 '믿음장'이라 부르는 히브리서 11장은 처음부터 믿음과 소망을 연관시켜 말합니다. "믿음은 바라는 것들의 실상이요 보이지 않는 것들의 증거니"(1절). 원래 원문을 제대로 번역하기가 무척 힘든 구절입니다만, 믿음은 우리가 바라는 것들, 우리가 희망하고 소망하는 것들을 미리 가질 수 있도록 어떤 근거를 제시해 주는 것*hypostasis*이요, 우리가 아직 눈으로 보지 못한 것들을 미리 확증해 주는 것*elenchos*이라고 이 구절은 말합니다. 보지 못한 것, 지금 가지고 있지는 않지만 소망하는 것을 미리 보고 미리 갖도록 해주는 것이 곧 믿음이라고 하면 잘못이 없을 것입니다. 누구보다도 아브라함의 경우에 이것을 잘 볼 수 있기에 히브리서 기자는 믿음의 조상 가운데서 아브라함에 관해 상당히 길게 이야기하고 있습니다.

감사와 찬양의 존재로의 변화

한 걸음 물러나 살펴보면, 앞에서 이야기한 예루살렘 신자들과 삭개오, 그리고 방금 들여다본 아브라함 사이에는 분명히 구별이 있습니다. 아브라함은 하나님의 구원 역사에서 이스라엘 민족의 아버지로 부름받은 인물입니다. 삭개오는 하나님 백성의 삶을 제대로 살지 못한 이스라엘 백성의 실패와, 회복을 위해 다시 백성들에게 찾아오신 예수님 사이에 존재하는 인물입니다. 예루살렘 신자들은 예수의 십자가 고난과 부활과 성령의 오심으로 하나님 나라가 이 땅에 새로운 공동체 모습으로 등장하기 시작했을 때의 인물입니다. 그러므로 오늘 이 시점에서 우리가 '예수를 믿는다는 것은 무엇인가?'라고 묻는다면, 예루살렘 신자들의 믿음이야말로 하나님의 구속 역사의 틀 안에서 찾아볼 수 있는 사례가 될 수 있지 않을까 생각합니다. 그러나 믿음의 모형 자체는 삭개오에게서, 그리고 거슬러 올라가서 아브라함에게서 찾아볼 수 있습니다. 이들의 공통점을 하나님 나라에 대한 열망과 그러한 열망을 담고 있는 질문과 추구로 표현해볼 수 있지 않을까 생각합니다.

아브라함에게서 볼 수 있는 믿음은, 하나님 나라를 아직 맛보지 못했으나 큰 나라를 이루겠다는 하나님의 약속을 받아들이고 그 약속에 의지하여, 부모와 친척의 땅을 떠나라는 하나님의 명령을 듣고 순종하여 떠난 데 있습니다. 이것이 좀 더 구체화된 것이 아브라함에게서 상속자 곧 자손이 태어날 것이라는 약속입니다. 아브라함은 이 약속을 믿었고 이것을 하나님께서는 의로 여기셨습니다. 이 약속은 하나님께서 사라의 태를 통해 이삭을 주실 것을 약속하며 구체화되었고, 할례 예식으로 좀 더 구체화됩니다. 그러한 과정 가운데 아브라함이 이삭을 번제물로 바치라는 명령을 받고는 실행합니다. 이 모든 것은 하나님 나라 곧 하나님과의 언약으로 지탱되는 나라에 대한 아브라함의 열망을 보여줍니다. 하나님은 아브라함을 택하여 그분의 나라를 위한 백성을 훈련시킵니다. 그러면서 보여준 것이 무엇입니까? 다음 성경구절을 보십시오.

여호와께서 이르시되 내가 하려는 것을 아브라함에게 숨기겠느냐. 아브라함은 강대한 나라가 되고 천하 만민은 그로 말미암아 복을 받게 될 것이 아니냐. 내가 그로 그 자식과 권속에게 명하여 여호와의 도를 지켜 의와 공도를 행하게 하려고 그를 택하였나니 이는 나 여호와가 아브라함에게 대하여 말한 일을 이루려 함이니라.

창 18:17-19

이 구절은 몇 가지 중요한 내용을 담고 있습니다.

- 아브라함은 강대한 나라를 이룰 것이다(하나님 나라).
- 천하 만민은 그로 말미암아 복을 받을 것이다(하나님 나라를 통해 사람들에게 미치는 은혜).
- 하나님께서 아브라함을 택한 이유는 아브라함이 자식과 권속들을 명하여 야웨의 도를 지켜 의와 공도를 행하려 하기 위함이다. 다시 말해, (히브리어 원문의 순서를 따르면) 의와 공도를 행하여 야웨의 길을 따라 걸어가게 하기 위함이다(하나님 나라 삶의 근본 가치와 목적).
- 하나님은 아브라함에게 말씀하신 것을 지킬 것이다(약속 곧 언약적 사랑의 신실한 이행).

소돔과 고모라를 멸하겠다고 하나님께서 말씀하시기 직전 이 부분이 등장함에 주목하십시오. 소돔과 고모라 사람들의 삶과는 전혀 다른 삶의 길을 하나님은 아브라함에게 기대하고 있습니다. 의인 열 명이라도 찾으면 소돔과 고모라를 멸하지 않으시겠다는 하나님의 약속이 이 부분 다음에 등장합니다. 삶의 두 길이 확연하게 구별됩니다. 의인의 길과 죄인의 길, 소돔과 고모라의 길과 하나님의 언약 백성의 길입니다. 이것은 아브라함

자손의 길과 아브라함 자손이 아닌 사람들의 길의 차이입니다.

하나님이 원하시는 것은 '의와 공도'입니다. 공정하고 정당한 재판과 공정한 분배, 이 가운데서도 무엇보다 가난한 자와 외국인, 고아와 과부, 힘없는 이들에 대한 배려를 자손들에게 가르치기를 하나님께서 아브라함과 그의 자손들에게 기대하고 계신다는 말입니다. 야웨의 길, 하나님이 원하시는 삶의 길이 바로 여기에 있습니다. 선지자들이 쉬지 않고 외친 삶의 길입니다. 의와 공도, 이것이 야웨의 길이고, 하나님이 원하시는 삶의 길입니다. 이 때문에 하나님이 아브라함과 아브라함의 자손을 택하여 자신의 언약 백성으로 삼았습니다. 그러므로 '아브라함의 자손'이 된다는 것은 의와 공도, 다시 말해 정의와 공의를 이 땅에서 실천하는 것이 됩니다. 그러지 않고서는 이름만 아브라함의 자손이요, 실제 내용은 잃어버린 사람에 불과합니다.

삭개오가 자신의 재산을 내어놓은 것이나 예루살렘에서 처음 믿은 사람들이 서로 모든 것을 공유하며 화합을 이룬 것은 하나님이 아브라함을 택한 이 이유와 연관된다고 할 수 있습니다. 삭개오와 예루살렘 교회 성도들은 의와 공도를 실천하였습니다. 그들은 명목이 아니라 실질로 '아브라함의 자손'이었습니다(의와 공도, 정의와 공의 개념과 관련해서는 3강에서 좀 더 살펴보겠습니다).

아브라함의 예를 통해 우리는 믿음이 신앙의 신조나 신앙의 몇 가지 명제를 지적으로 긍정하는 데 그치지 않음을 분명히 볼 수 있습니다. 믿음은 오히려 예수 그리스도 안에서 하나님의 부르심, 하나님의 요청에 대한 응답과 반응으로 드러납니다. 성령님의 감화 감동 없이는 이것이 나타날 수 없습니다. 그럼에도 믿어야 할 사람은 나이고, 반응하고 응답해야 할 사람도 나입니다. 믿음의 내용, 신앙고백의 내용은 이렇게 응답하는 가운데 감사와 찬양으로 발화되는 문장이요 명제입니다. 나의 지성을 통해 파악한 것이 아닙니다. 하나님이 성령을 통하여 나에게, 우리에게 가르쳐 주셔야 할 고백입니다. 그러지 않고서는 이러한 문장과 명제를 발설할 수 없습니다. 하나님께서 아브라함에게 "나는 네 방패요 너의 지극히 큰 상급이니라"(창 15:1)고 가르쳐 주시지 않았다면, 아브라함이 하나님을 향하여 그렇게 발설할 수 없었을 것입니다.

이제 두 번째 강의를 마무리하겠습니다. 하나님을 부르고 찬양하는 것은 나의 나됨에 변화를 가져옵니다. 삭개오의 경우에는 자신의 재산을 모두 내어놓음으로 변화를 보였습니다. 재산은 그에게 더 이상 그의 정체성을 규정하는 요소가 되지 못하였습니다. 예수가 그에게 구원을 가져다준 구주요 그의 삶의 주인됨이 이제 그의 정체성을 구성하게 되었습니다. 아브라함의 경우도 하나님과의 언약 관계가 그의 정체성을 구성하는 근본 요소가 되었습니다. 따라서 "내가 믿습니다"라는 고백은 단순한 고백이 아니라 하나님과 나, 우리의 언약 관계를 감사함으로 고백하고 찬양하는 행위입니다. 이렇게 고백할 때 하나님은 나의 하나님이 되시고, 나는 하나님의 자녀, 하나님 나라의 백성이 됩니다. 이러한 감사와 찬양의 존재야말로 믿는 이가 된 나, 믿는 이들의 공동체인 교회의 정체성의 핵심입니다. 이로부터 우리는 윤리를 말할 수 있고 그리스도인과 교회 공동체의 삶을 말할 수 있습니다.

Q

1 들음에서 믿음에 이르기까지, 네 단계가 무엇입니까? 이 가운데 어떤 단계가 가장 중요하다고 생각됩니까?

2 믿게 되는 단계에서 두드러지게 드러나는 세 요소가 무엇입니까? 이것은 어떻게 우리의 '전인'을 요구합니까?

3 아브라함이 보여준 '힌네니' 곧 '내가 여기 있나이다'의 믿음은 '하나님을 사랑하는 것'과 어떻게 연결됩니까?

4 믿음의 내용, 신앙고백의 내용은 하나님의 부르심에 응답하는 가운데 감사와 찬양으로 발화되는 문장이요 명제입니다. 우리 삶에 이러한 믿음의 고백이 있습니까?

3강 · 실천하는 믿음

이제 세 번째 강의로, 믿음과 삶의 관계를 생각해 보겠습니다. 꽤 오래전 일입니다. "기독교는 윤리가 아니라 생명이다", "기독교 윤리는 한두 시간만 공부하면 된다. 어려운 게 아니다." 제가 성함을 말하면 알 만한 어느 큰 교회 목사님이 설교 시간에 이렇게 강조하시던 것을 방송을 통해서 들었습니다. 교회에서 오랫동안 신앙생활을 해오신 분들은 이런 말을 종종 들은 기억이 있으리라 생각합니다. 저도 어릴 때 가끔 듣던 말이니까요. 그런데 이 말을 들을 때마다 한편으로는 수긍이 가고 다른 한편으로는 "정말 그런가?" 하는 물음을 던지게 됩니다. 수긍이 가는 이유는 두 가지입니다.

첫째, 우리는 (지금은 많이 약화되었다고는 하지만) 여전히 인륜도덕을 강조해 온 유교 문화권에서 살고 있습니다. 이 배경에서 복음을 이해할 때 우리는 저 말을 이해할 수 있습니다. 유교 전통은 (적어도 동중서董仲舒●가 이것을 체계화한 이후에는) 삼강오륜을 강조했습니다. 군위신강君爲臣綱 곧 신하는 임금을 섬기는 것이 근본이고, 부위자강父爲子綱 곧 아들은 아버지를 섬기는 것이 근본이고, 부위부강夫爲婦綱 곧 아내는 남편을 섬기는 것이 근본임을 가르치는 것이 삼강三綱이고, 부자유친父子有親 곧 어버이와 자식 사이에는 친함이 있어야 하고, 군신유의君臣有義 곧 임금과 신하 사이에는 의로움이 있어야 하고, 부부유별夫婦有別 곧 부부 사이에는 구별이 있어야 하고, 장유유서長幼有序 곧 어른과 아이 사이에는 차례와 질서가 있어야 하고, 붕우유신朋友有信 곧 친구 사이에는 믿음이 있어야 한다는 것이 오륜五倫입니다. 삼강오륜뿐만 아니라 제사 등 의례적인 것을 유교는 많이 강조하였습니다. 그러므로 무엇을 하고 어떻게 행동해야 할 것인가에 관심이 쏠렸습니다. 해야 할 것과 해서는 안 될 것, 금지하는 것과 명령하는 것, 이런 것들이 도덕과 윤리의 핵심을 이루었습니다. 기독교 복음을 받아들인 눈으로 보면, 유교의 도덕은 마치 유대

●　중국 전한의 유학자(B.C. 176?-B.C. 104). 유교를 체계화하는 데 크게 기여하였다. 저서로는 『춘추번로』, 『천인삼책』 등이 있다.

교의 율법주의와 흡사합니다. 저것들을 지키면 참된 사람 구실을 하는 것이고, 그렇지 않으면 참된 사람이 되지 못한다고 가르치기 때문입니다. 그러나 복음은 예수 그리스도를 믿으면 누구나 구원받고 새 생명을 얻어 새 사람이 된다고 가르치기 때문에, 기독교는 윤리가 아니라 생명이라고 말할 수 있습니다.

그 목사님의 말을 수긍한 두 번째 이유는 두 번째 말과 관련됩니다. "기독교 윤리는 한두 시간만 공부하면 된다. 어려운 게 아니다." 그렇습니다. "서로 사랑하라!" 이것이 예수께서 계명에 관해서 가르친 모든 말씀의 요약입니다. "새 계명을 너희에게 주노니 서로 사랑하라. 내가 너희를 사랑한 것같이 너희도 서로 사랑하라"(요 13:34). 바울도 "사랑은 이웃에게 악을 행하지 아니하나니 그러므로 사랑은 율법의 완성이니라"(롬 13:10)고 말했습니다. 사랑, 이 한마디가 기독교 윤리를 총괄합니다. 한두 시간이 아니라 단 1초면 충분합니다. 여기에 좀 더 덧붙인다면, 사랑에 관한 고린도전서 13장 말씀을 읽으면 될 것입니다. 5분이면 충분합니다. 설명을 붙이자면 한두 시간 안에 할 수 있습니다. 그러므로 "기독교 윤리는 한두 시간만 공부하면 된다, 어려운 게 아니다"라는 말에 수긍이 갑니다.

그런데 이 말을 다시 생각해 보게 되는 까닭이 무엇입니까? 두 번째 말 "기독교 윤리는 한두 시간만 공부하면 된다. 어려운 게 아니다"라는 말은 인식의 차원, 지식의 차원에서 보면 옳습니다. 사랑이라는 단어의 의미를 아는 사람이라면 단 1초 만에 기독교 윤리의 핵심을 파악하고 이해할 수 있습니다. 이만 큼 쉬운 일이 어디 있습니까? 그런데 문제는 윤리가 인식이나 지식의 차원에 머물지 않는다는 데 있습니다. "아, 그렇군요! 이 제 알았습니다"라고 말할 수 있는 일이 아니라, **실천**이 따라야 비로소 윤리라고 할 수 있기 때문입니다. 야고보서에서 무엇이 라고 말합니까?

> 내 형제들아, 만일 사람이 믿음이 있노라 하고 행함이 없으면 무 슨 유익이 있으리요. 그 믿음이 능히 자기를 구원하겠느냐. 만일 형제나 자매가 헐벗고 일용할 양식이 없는데 너희 중에 누구든지 그에게 이르되 평안히 가라, 덥게 하라, 배부르게 하라 하며 그 몸 에 쓸 것을 주지 아니하면 무슨 유익이 있으리요. 이와 같이 행함 이 없는 믿음은 그 자체가 죽은 것이라.　　　　　　약 2:14-17

야고보의 말 가운데 '믿음'을 '사랑'으로 바꾸어 읽어도 될 것입 니다. "내 형제들아, 만일 사람이 **사랑**이 있노라 하고 행함이 없 으면 무슨 유익이 있으리요." 몸으로 삶으로 실천하는 믿음과 사랑만이 열매를 맺을 수 있습니다. 그러므로 알기는 쉽다고 하더라도 힘써 행하지 않으면, 그야말로 울리는 꽹과리에 지나지 않습니다. 삶이 없으면, 삶 속에서 실천이 되지 않으면 윤리는 윤리가 아닙니다.

만일 문제를 이렇게 볼 수 있다면, 첫 번째 말 "기독교는 윤리가 아니라 생명이다"라는 말도 다시 생각해 보지 않을 수 없습니다. 맞습니다. 기독교는 단순히 윤리 도덕 체계가 아닙니다. 무엇을 행한다고, 실천한다고 될 일은 아닙니다. 기독교는 그런 의미에서 생명이라고 말할 수 있습니다. 그런데 생명은 윤리를 배제합니까? 생명과 윤리는 서로 모순됩니까? 생명이 있는 곳에는 윤리가 들어설 자리가 없고 윤리가 있는 곳에는 생명이 자라지 못합니까? 이 물음들에 답을 하자면 먼저 생명이 무엇인지 물어야 합니다.

생명이 무엇입니까? 생명은 살아 있는 것을 두고 말합니다. 생명이 있는 곳에는 생명이 살아 있음의 징조들이 있습니다. 만일 나무가 시들어 죽었다면, "저 나무에는 생명이 없다"고 말할 것입니다. 더 이상 푸른빛이 없고, 자라지 않으며, 열매를 맺지 않는 것으로 생명 없음이 드러납니다. 나무가 살아 보려고 온갖 노력을 한다 해도 생존의 조건이 갖추어지지 않을 때 생명을 잃게 되고, 생명을 잃게 되면 빛을 잃고 성장이 멈추고 열매가 없는 죽음의 모습이 드러납니다. 하나님이 자연을 운행하는 규칙이 여기에 적용됩니다. 하나님이 만드신 자연의 규칙은 생명을 생명으로 유지할 수 있도록 해주는 규칙입니다. 이 규칙, 이 법칙을 떠나서는 생명이 생명으로 유지될 수 없습니다.

사람의 경우도 마찬가지입니다. 사람에게는 자연 안에 존재하는 모든 것에 적용되는 일반 법칙이 적용됩니다. 높은 곳에서 아래로 떨어지면 바위나 나무와 마찬가지로 자유낙하 법칙의 적용을 받습니다. 물에 빠지면 물을 마시게 되고, 물을 마시면 기도에 물이 들어가고, 기도에 물이 들어가면 기도가 막히게 되고, 기도가 막히면 숨을 쉴 수 없게 되고, 숨을 쉬지 못하면 결국 죽게 됩니다. 이것이 자연의 법칙입니다. 그런데 사람은 풀이나 나무처럼 한자리에 머물러 자라는 식물과 달리 동물 곧 움직이는 존재입니다.

사람에게는 욕구가 있고 욕망이 있습니다. 식욕, 수면욕, 성욕이 있습니다. 이 점에서는 동물이나 사람이나 차이가 없습니다. 그런데 사람에게는 이런 욕구와 욕망을 규제하는 규칙이 있습니다. 먹되 어떻게 먹고, 자되 어떻게 자고, 성욕을 충족시키되 어떻게 충족시켜야 하는지에 대한 규칙이 있습니다. 이것이 문화와 지역에 따라 조금씩 차이가 있지만, 이러한 규칙이 있다는 것은 보편적입니다. 이 규칙은 사람의 생명이 생명으로 활동하고 보존하고 유지할 수 있도록 해주는 규칙들입니다. 서양 중

세 신학자들은 이러한 규칙을 사람의 본성에 하나님께서 새겨 주신 '자연법'$^{lex\ naturalis}$이라 불렀습니다. 누구에게나 생명을 소중하게 여기고, 남의 배우자와 나의 배우자, 남의 재산과 나의 재산을 구별해서 존중하고, 거짓말보다는 진실을 더 가치 있게 여기는 마음을 하나님께서 심어 주셨다는 믿음입니다. 생명은 생명에 적용되는 법칙과 규칙을 따르지 않고서는 유지될 수 없고 풍성하게 누릴 수 없습니다. 윤리는 생명을 보존하고 유지하며 풍성하게 누릴 수 있도록 울타리를 쳐 주고 빛을 비추어 주는 규칙들의 총체인 동시에 구체적 실현이라 할 수 있습니다.

윤리에 대한 저의 기본 입장은 이렇게 표현할 수 있습니다. "윤리가 모든 것은 아니지만, 모든 것은 윤리와 관련되어 있습니다." 여기서 피해야 할 것은 윤리 지상주의, 도덕 지상주의입니다. 이것은 윤리 또는 도덕을 삶에서 가장 중요한 것으로 보는 태도를 말합니다. 삶에는 윤리 아닌 것들이 너무나 많을뿐더러 윤리보다 훨씬 더 중요한 것들이 많다고 생각합니다. 먹고, 자고, 일하고, 생각하고, 사람들 만나고, 공부하고, 예배드리고, 기도하고, 물건을 사고팔고, 놀고, 쉬고, 게임하고, 운동하고……. 이처럼 삶은 활동도 다양하고 관심도 여러 가지입니다. 이것들은 윤리가 아닙니다. 그야말로 사는 것입니다. 우리는 이것들로 살아갑니다. 먹는 것, 입는 것, 자는 것, 일하는 것, 가족과 이웃과 함께하는 것, 친구를 만나는 것, 음악 듣는 것, 책 읽는 것, 이것들은 모두 삶의 한 부분입니다. 어떤 것도 그 자체가 윤리는 아닙니다. 우리는 이것들을 누리고 즐길 수 있습니다.

그러나 가만히 생각해 보면 이것들 하나하나 윤리와 무관한 것이 없습니다. 먹되 어떻게 먹을 것인가, 자되 어떻게 누구와 잘 것인가, 일하되 어떤 방식으로 할 것인가, 기도를 드리되 어떻게 드릴 것인가. 이런 질문을 할 때 우리의 시야에 등장하는 것이 윤리입니다. 아니, 윤리보다 '문화'가 우선 더 적합할지도 모르겠습니다.

문화에 따라 먹는 방식과 대상이 다르고, 자는 방식과 일하는 방식도 다릅니다. 예를 들어, 유대인들은 정결한 것과 부정한 것을 구별해서 먹을 수 있는 것과 없는 것을 가려냅니다. 정결법에 따라 처리한 이른바 코셰르 음식만을 먹습니다. 우리 전통은 밥을 먹을 때 이야기를 많이 하는 것을 좋아하지 않습니다. 먹을 때는 반드시 수저를 사용하도록 합니다. 이것을 통제하고 규제하는 규칙들의 총합을 문화라고 일컫습니다. 자세한 설명은 줄이겠습니다. 요약해서 말하자면, 문화의 핵심에는 윤리가 있고 윤리는 종교를 통해 정해진 규칙들과 밀접하게 연관됩니다.

윤리는 삶의 여러 모습들을 소통하게 하고 규제하는 여러 규칙들을 제공해 줍니다. 그러므로 우리가 윤리와 무관하게 하는 행동이나 행위도 자세히 들여다보면 대부분 윤리와 관련되어 있음을 알게 됩니다. 먹고 자는 것뿐만 아니라 일하고 거래하고 살아가는 모든 일에 윤리가 개입되어 있습니다. 만일 이것을 수긍할 수 있다면, 기독교 윤리는 삶의 한 특정 부분과 관련된 것이 아니라 삶의 모든 부분과 관련된다고 말할 수 있을 것입니다. 이런 입장을 가지고 이번 강의에서 다루는 주제를 함께 생각해 보면 좋겠습니다.

기독교 윤리의 기초

앞에서 기독교 윤리를 한마디로 '사랑'으로 요약할 수 있다고 했습니다. 예수님은 이것을 조금 길게 '하나님 사랑과 이웃 사랑'으로 말씀하셨습니다. 마태복음 22장에서 보듯이, 하나님 사랑과 이웃 사랑은 십계명의 요약이며 그 외 모든 다른 계명의 요약입니다. 하나님을 사랑하면 하나님이 관심을 두고 무엇보다 우선시하는 것을 하게 되고, 이웃을 사랑하면 이웃이 원하고 바라는 것을 하게 됩니다.

그런데 하나님은 무엇에 관심을 두십니까? 무엇을 우선시하십니까? 하나님은 이스라엘 백성에게 희생제물을 바칠 것을 명하셨습니다. 레위기를 보면 여러 종류의 제사에 대해 자세한 지침이 나옵니다. 이스라엘 사람들은 제사를 통해서 하나님 섬기는 일을 열심히 하였습니다.

그러나 이사야 1장을 보십시오. 하나님께서 무엇이라고 말씀하십니까?(조금 길지만 인용해 보겠습니다)

만군의 여호와께서 우리를 위하여 생존자를 조금 남겨 두지 아니하셨더면 우리가 소돔 같고 고모라 같았으리로다. 너희 소돔의 관원들아, 여호와의 말씀을 들을지어다. 너희 고모라의 백성아, 우리 하나님의 법에 귀를 기울일지어다. 여호와께서 말씀하시되 너희의 무수한 제물이 내게 무엇이 유익하뇨. 나는 숫양의 번제와 살진 짐승의 기름에 배불렀고 나는 수송아지나 어린 양이나 숫염소의 피를 기뻐하지 아니하노라. 너희가 내 앞에 보이러 오니 이것을 누가 너희에게 요구하였느냐. 내 마당만 밟을 뿐이니라. 헛된 제물을 다시 가져오지 말라. 분향은 내가 가증히 여기는 바요 월삭과 안식일과 대회로 모이는 것도 그러하니 성회와 아울러 악을 행하는 것을 내가 견디지 못하겠노라. 내 마음이 너희의 월삭과 정한 절기를 싫어하나니 그것이 내게 무거운 짐이라. 내가 지기에 곤비하였느니라. 너희가 손을 펼 때에 내가 내 눈을 너희에게서 가리고 너희가 많이 기도할지라도 내가 듣지 아니하리니 이는 너희의 손에 피가 가득함이라. 너희는 스스로 씻으며 스스로 깨끗하게 하여 내 목전에서 너희 악한 행실을 버리며 행악을 그치고 선행을 배우며 정의를 구하며 학대받는 자를 도와주며 고아를 위하여 신원하며 과부를 위하여 변호하라 하셨느니라.

사 1:9-17

이사야를 통해서 하나님께서는 이스라엘이 소돔과 고모라처럼 되었다고 말씀하십니다. 그러므로 이스라엘의 관원과 백성들을 "너희 소돔의 관원들아", "너희 고모라의 백성아"라고 부릅니다. 무엇 때문에 그렇게 말합니까? 그들의 손에 피가 가득하고 악한 행위를 하였기 때문입니다. 그렇기 때문에 그들에게 요구하는 것은, 절기를 지키고 풍성한 제사를 드리기보다 "악한 행실을 버리며 행악을 그치고 선행을 배우며 정의를 구하며 학대받는 자를 도와주며 고아를 위하여 신원하며 과부를 위하여 변호하라"(사 1:16-17)는 것입니다. 잠언 21:3의 "공의와 정의를 행하는 것은 제사 드리는 것보다 여호와께서 기쁘게 여기시느니라"는 말씀도 같은 주장입니다. 창세기 17-18장을 보면 야웨 하나님께서 아브라함과 언약을 맺으시고, 마므레 상수리 나무 있는 곳에 나타나셔서 아브라함을 만나 그의 대접을 받으신 다음 하신 말씀이 무엇입니까?(2강에서 살펴본 본문입니다)

여호와께서 이르시되 내가 하려는 것을 아브라함에게 숨기겠느
냐. 아브라함은 강대한 나라가 되고 천하 만민은 그로 말미암아 복
을 받게 될 것이 아니냐. 내가 그로 그 자식과 권속에게 명하여 **여
호와의 도를 지켜 의와 공도를 행하게 하려고 그를 택하였나니** 이
는 나 여호와가 아브라함에게 대하여 말한 일을 이루려 함이니라.

창 18:17-19

하나님께서 아브라함을 택하신 이유는, 그리고 이것을 확장해
서 예수 그리스도 안에서 우리처럼 하나님 백성이 아니었던 사
람을 하나님 나라 백성으로 부르신 이유는, '야웨의 도'를 지켜
'의와 공도'를 행하게 하려 하신 것입니다. 이 말 뒤에 곧장 "여
호와께서 또 이르시되 소돔과 고모라에 대한 부르짖음이 크고
그 죄악이 심히 무거우니 내가 이제 내려가서 그 모든 행한 것
이 과연 내게 들린 부르짖음과 같은지 그렇지 않은지 내가 보
고 알려 하노라"(창 18:20-21)는 말씀이 나오고, 아브라함의 의
인 열 명에 대한 제안, 그리고 소돔과 고모라를 심판하는 이야
기가 뒤따릅니다. 그런데 바로 그 소돔과 고모라가 이사야 시대
의 이스라엘이라는 사실을 야웨 하나님은 이사야를 통해 이스
라엘 백성에게 들려주시고 계십니다. 여기서 중요한 것은 무엇
입니까? 이스라엘 지도자와 백성들이 하나님이 원하시는 하나

님의 길을 따라 의와 공도를 행하는 일을 저버렸다는 것입니다. 오히려 그들은 악행을 일삼고 행악을 즐겼습니다. 그래서 하나님은 그들에게 선행을 배우고 정의를 구하며 학대받는 자를 도와주고 고아를 위하여 신원하며 과부를 위하여 변호하라고 말씀하십니다.

하나님께서 아브라함을 통해서 이스라엘 자손들을 하나님의 백성을 삼을 때 원하신 것이 (2강에서도 말했듯이) "여호와의 도를 지켜 의와 공도를 행하"(창 18:19)는 것이었습니다. 의와 공도가 무엇입니까? 소돔과 고모라에 의인이 열 명이라도 있으면 멸망시키지 않겠다고 할 때(창 18:32) '의인'은 누구를 가리킵니까? 야웨의 도 곧 야웨의 길을 지켜 따르는 길은 의와 공도를 행하는 것인데, 이때 '의와 공도'라는 말은 선지자들의 글과 시편 등에 자주 등장하는 히브리어 표현 '츠다카'^{tzedakah}와 '미쉬파트'^{mishpat}입니다. '츠다카'는 의로움, 옳음, 올바름, 마땅함을 뜻하고, '미쉬파트'는 올바른 판단을 뜻합니다. 이 두 단어는 늘 함께 가기 때문에 구별한다는 것이 큰 의미는 없지만, 굳이 구별한다면 '츠다카'는 가난한 사람, 불쌍한 사람, 힘없는 사람에게 마땅히 해야 할 바를 하는 것입니다. 그들에게 나누어 줄 것을 주고, 그들이 억울할 때 그들의 권리를 변호하고, 인간다운 삶을 살도록 돌보는 행위와 관련이 있습니다. 라인홀드

니부어*가 성경의 정의 개념에 대하여 "기득권이 없는 사람들에 대한 편견된 사랑"이라고 말했을 때, 츠다카의 정의 개념을 염두에 두지 않았을까 짐작해 볼 수 있습니다. '미쉬파트'는 바르게 분간하고 분별하여 옳고 그름을 올바르게 판단하고 구별하는 것을 가리킵니다. 특히 법을 집행할 때 부자이든 가난한 사람이든 사람을 외모로 취하지 않고 공정하고 공의롭게 재판을 해야 한다고 할 때, 이 '미쉬파트'가 사용됩니다. 굳이 말하자면 (반드시 일치하지는 않지만) '츠다카'는 분배적 정의distributive justice▲에 가깝고, '미쉬파트'는 보상적 정의retributive justice◆에 가깝다고 하겠습니다. 하나님께서는 삶의 모든 부분에서, 다시 말해 도덕적이고 법적이며 사회적인 정의와 공의를 이스라엘 사람들이 실천하시기를 원했습니다. 미가서에도 이것이 잘 드러나

● 미국의 신학자(1892-1971). 신학을 교회 바깥으로 확장하여 공적 담론에 참여하는 '공공신학' 형성에 크게 기여했다. 저서로는 『도덕적 인간과 비도덕적 사회』, 『인간의 본성과 운명』 등이 있다.

▲ 정의(正義)의 고전적 정의는 '각자의 것을 각자에게 나누어 주는 것'이다. 따라서 정의 자체가 분배적, 배분적 의미를 갖는다. 현대의 관점에서 보면, 혜택을 가장 덜 받는 사람에게 혜택이 가장 많이 돌아가는 방식으로 경제나 복지정책을 운용할 경우 분배적 정의가 수립된다고 말할 수 있다.

◆ 범죄를 저지른 사람에게 그의 행위에 합당한 처벌을 하고 무죄한 사람에게는 부당한 처벌을 해서는 안 된다는 원칙과 관련된 정의 개념이다.

있습니다.

내가 무엇을 가지고 여호와 앞에 나아가며 높으신 하나님께 경배할까. 내가 번제물로 일 년 된 송아지를 가지고 그 앞에 나아갈까. 여호와께서 천천의 숫양이나 만만의 강물 같은 기름을 기뻐하실까. 내 허물을 위하여 내 맏아들을, 내 영혼의 죄로 말미암아 내 몸의 열매를 드릴까. 사람아, 주께서 선한 것이 무엇임을 네게 보이셨나니. **여호와께서 네게 구하시는 것은 오직 정의를 행하며 인자를 사랑하며 겸손하게 네 하나님과 함께 행하는 것이 아니냐.** 미 6:6-8

야웨 하나님께서는 번제물을 좋아하지 않으시고, 오히려 정의를 행하며 인자를 사랑하며 겸손하게 하나님과 함께 걸어가는 것을 원하신다고 미가 선지자는 말합니다. 여기서 다시 우리는 '정의'와 '인자'라는 핵심 용어를 만납니다. 이스라엘은 이 점에서 실패했습니다. 그런데 성경을 보십시오. 하나님께서 선행, 정의와 공의, 진실을 이스라엘 백성들에게만 원하신 것이 아니라, 예수 그리스도를 통해 하나님 나라 백성이 된 신약 교회 성도들에게도 원하고 계십니다. 에베소서 말씀을 보십시오.

너희가 전에는 어둠이더니 이제는 주 안에서 빛이라. 빛의 자녀

들처럼 행하라. 빛의 열매는 모든 착함과 의로움과 진실함에 있
느니라.

엡 5:8-9

빛의 열매로 일컬어진 세 가지 곧 "착함과 의로움과 진실함"을
보십시오. "착함" 곧 '아가토수네'*agathosune* 뒤에는 이사야 1:17
에서 선행을 배우라고 말할 때의 선행 곧 '야타브'*yatab*라는 말
이 배경으로 깔려 있습니다. "의로움" 곧 '디카이오수네'*dikaiosume*
뒤에는 히브리어의 '츠다카'와 '미쉬파트'가 배경으로 깔려 있습
니다. "진실함" 곧 '알레테이아'*aletheia* 뒤에는 '에메트'*emet, 진리, 진실*
와 '헤세드'*chesed, 사랑, 자비, 신실함*가 배경으로 깔려 있습니다. 이렇게
보면 착함, 의로움, 진실함은 이스라엘 백성들에게 하나님의 음
성을 전하던 선지자들이 입에 자주 담던 익숙한 단어들입니다.
오늘도 하나님께서는 이스라엘 백성들에게 원하신 것, 곧 제사
보다는 정의와 공의, 진실과 선행을 원하신다는 것을 우리는 에
베소서의 이 말씀을 통해 알 수 있습니다. 하나님은 우리에게
의롭게 되기를, 의인으로 살기를 원하십니다. 그런데 (앞에서 삭
개오 이야기를 할 때 물은 적이 있습니다만) 누가 의인입니까? 어
떻게 의인이 되는 것입니까?

여기서 우리는 기독교의 윤리가 유대교, 유교, 불교와 다름
을 알게 됩니다. 유대교 전통은 율법을 따름으로 정의와 공의를

실천하려고 했습니다. 그러나 (앞에서도 몇 번 지적한 것처럼) 이스라엘의 역사를 보면, 이스라엘 백성들은 이 점에서 실패했습니다. 선지자들의 외침이 이것을 증명합니다. 바울에 따르면, 하나님의 율법을 따로 받지 않은 유대교 바깥의 전통은 인간의 본성에 새겨진 양심으로 정의와 공의를 실천해 보려고 했습니다. 바울은 이 법을 "마음에 새긴 율법의 행위"(롬 2:15)라는 말로 표현하고 있습니다.

유교를 보십시오. 유교도 의義를 무척 강조합니다. 『맹자』를 보면, 견리사의見利思義 이익을 보면 의 곧 옳음을 생각하라는 말이 있습니다. 이익을 추구하지 말고 언제나 의를 추구하라고 권합니다. 이렇게 할 수 있는 마음이 우리에게 본성으로 주어져 있다고 맹자孟子*는 믿었습니다. 또한 사랑에 대한 강조도 유교에서 볼 수 있습니다. 유교의 인仁이 곧 사랑입니다. 이것이 사람의 마음으로 드러날 때 '불쌍히 여기는 마음' 곧 측은지심惻隱之心이 됩니다. 가령 사람이 어린아이가 우물로 기어가는 것을 보면, '차마 견디지 못하는 마음' 곧 불인지심不忍之心이 있어 어린아이가 빠지지 않게 하려고 달려가서 붙잡아 주게 됩니다. 이 마음을 욕망으

● 중국 전국 시대의 사상가(B.C. 372-B.C. 289). 공자의 인(仁) 사상을 발전시켜 성선설을 주장하였으며, 인의의 정치를 권하였다.

로부터 방해받지 않도록 잘 키워 주면, 마치 야산의 나무가 밤이슬을 맞으면서 자라듯이 자연스럽게 자랄 수 있다고 맹자는 믿었습니다. 이 믿음을 근거로 맹자는 앞에서 든 측은지심을 포함하여 수오지심羞惡之心, 사양지심辭讓之心, 시비지심是非之心 곧 사단四端을 말하고 있습니다. 이 마음을 드러내고 유지하기 위한 길로, 흩어진 마음을 찾아가고求放心, 구방심 마음을 잘 간수하는 공부 곧 경공부敬工夫를 제대로 해야 한다고 유교 전통은 강조하고 있습니다.

이 점에서 불교도 크게 다르지 않습니다. 원래 우리 마음은 명경지수明鏡止水처럼 맑기 때문에 깨닫기만 하면 다시 깨끗이 닦을 필요조차도 없다는 믿음을 불교는 가지고 있습니다. 앞에서 언급한 『육조단경』이라는 책을 보면, 5조 홍인의 상좌였던 신수神秀*와 쌍벽을 이루었고 나중에 중국 선종 전통의 6조가 된 혜능의 입장에서 이것이 잘 드러납니다. 무명無明에서 벗어나는 깨달음을 얻는 것이 본래의 마음을 발견하고 유지하는 방법입니다. 이러한 점에서 볼 때, 유교나 불교는 인간의 마음에 대해서 낙관적입니다.

반대로 유대교와 기독교는 오히려 인간의 마음을 비관적

● 중국 당나라의 승려(606-706). 북종선(北宗禪)의 시조로, 홍인 선사에게 도를 배워 강릉의 당양사에 살면서 이름을 떨쳤다.

으로 봅니다. 예레미야 17:9에서는 "만물보다 거짓되고 심히 부패한 것은 마음이라. 누가 능히 이를 알리요마는"이라고 말합니다. 전도서 9:3은 "모든 사람의 결국은 일반이라. 이것은 해 아래에서 행해지는 모든 일 중의 악한 것이니 곧 인생의 마음에는 악이 가득하여 그들의 평생에 미친 마음을 품고 있다가 후에는 죽은 자들에게로 돌아가는 것이라"고 말합니다. 또한 마태복음 15:19은 "마음에서 나오는 것은 악한 생각과 살인과 간음과 음란과 도둑질과 거짓 증언과 비방이니"라고 말합니다. 다시 말해, 사람의 마음은 근본적으로 악하다는 것입니다. 그런데 이 악한 마음으로 어떻게 선을 행하고 공의를 실천하여 의롭게 살 수 있습니까? 로마서 3장에서 바울은 우리가 낙담할 수밖에 없는 선언을 하고 있습니다.

> 기록된 바 의인은 없나니 하나도 없으며 깨닫는 자도 없고 하나
> 님을 찾는 자도 없고 다 치우쳐 함께 무익하게 되고 선을 행하는
> 자는 없나니 하나도 없도다.   롬 3:10-12

그렇다면 우리는 의로운 이가 되거나 정의와 공의를 실천할 만한 가능성이 없습니다. 로마서 2장과 3장에 따르면, 율법으로도 할 수 없고 양심으로도 할 수 없습니다. 겉으로 보기에 어느 정

도 의를 산출하고 공정해 보일 수 있지만, 완전한 의로움, 완전한 공의를 이룰 수 없다고 바울은 보고 있습니다.

왜 그렇습니까? 의의 문제는 단순히 도덕적·정치적·법적 정의와 공정 문제에 한정되지 않기 때문입니다. 말하자면, 우리가 하나님과의 수직적 의를 회복하지 않으면 인간 사이의 수평적 의가 제대로 회복될 수 없기 때문입니다. 그러면 어떻게 수직적 의가 회복될 수 있습니까? 다시 말해 우리가 어떻게 하나님 앞에서 의로운 사람이 될 수 있습니까? 바울은 (유대인에게서처럼) 율법도 아니고 (이방인에게서처럼) 양심도 아닌, 제3의 길을 로마서 3장에서 제시하고 있습니다.

이제는 율법 외에 하나님의 한 의가 나타났으니 율법과 선지자들에게 증거를 받은 것이라. 곧 예수 그리스도를 믿음으로 말미암아 모든 믿는 자에게 미치는 하나님의 의니 차별이 없느니라. 모든 사람이 죄를 범하였으매 하나님의 영광에 이르지 못하더니 그리스도 예수 안에 있는 속량으로 말미암아 하나님의 은혜로 값없이 의롭다 하심을 얻은 자 되었느니라. 이 예수를 하나님이 그의 피로써 믿음으로 말미암는 화목제물로 세우셨으니 이는 하나님께서 길이 참으시는 중에 전에 지은 죄를 간과하심으로 자기의 의로우심을 나타내려 하심이니 곧 이때에 자기의 의로우심을

나타내사 자기도 의로우시며 또한 예수 믿는 자를 의롭다 하려
하심이라.   롬 3:21-26

본문에서 바울은 예수 그리스도 십자가의 죽음 곧 예수의 피로
써 화목제물로 삼은 사건을 언급하고 있습니다. 여기서 화목제
물로서의 예수 그리스도의 죽음은 "하나님께서 길이 참으시는
중에 전에 지은 죄를 간과하"(롬 3:25)시는 사건으로 이해됩니
다. 그리하여 가져온 결과가 하나님 자신의 의로움과 예수 그리
스도를 믿는 자들을 '의롭다 하심'입니다. 만일 공적이 될 수 있
는 행위가 있다면, 그 행위는 예수 그리스도께서 대신 수행한
십자가의 고통과 죽음입니다. 이것은 죄를 간과할 수 있도록 해
준 공로 있는 행위가 됩니다.

　　그런데 그 자체만으로는 그리스도께서 피흘림으로 화목제
물이 되신 사건이 실제적으로 하나님과 화목을 이루는 사건으
로 연결되지 않습니다. 여기에는 그리스도를 믿는 믿음이 있어
야 합니다. 그래서 바울은 "이 예수를 하나님이 그의 피로써 믿
음으로 말미암는 화목제물로 세우셨으니"(롬 3:25)라고 말합니
다. 그리스도의 십자가 위에서의 피흘리심에서부터 하나님이
죄를 간과하시고 화목을 이루게 하심으로 자신뿐만 아니라 예
수 그리스도를 믿는 사람을 의롭다 하시기까지, 예수 그리스도

를 믿는 사람의 믿음이 필요합니다. 믿음이 없이는 아무도 의롭다 하심을 받을 수 없습니다. 그러므로 의롭다 하심은 오직 '믿음으로' 이루어짐을 바울은 이어서 다시 강조하고 있습니다.

> 그러므로 사람이 의롭다 하심을 얻는 것은 율법의 행위에 있지 않고 믿음으로 되는 줄 우리가 인정하노라. 하나님은 다만 유대인의 하나님이시냐. 또한 이방인의 하나님은 아니시냐. 진실로 이방인의 하나님도 되시느니라. 할례자도 믿음으로 말미암아 또한 무할례자도 믿음으로 말미암아 의롭다 하실 하나님은 한 분이시니라.
>
> 롬 3:28-30

로마서 3장에서 바울이 강조한 것은 사람이 의롭게 됨은, 사람이 하나님 앞에서 의인됨은 율법을 따라 공의와 정의를 실천함으로 되는 것이 아니라, 사람의 아들임과 동시에 하나님의 아들인 예수 그리스도를 믿는 믿음으로 된다는 것입니다. 신학 전통에서는 이를 두고 '믿음으로 의롭게 됨'justification by faith이라고 표현합니다.

사람이 의롭게 됨 곧 의인이 되고 그리하여 정의와 공의를 실천하는 사람이 될 수 있는 것은, 유대인처럼 율법을 따름으로나 이방인처럼 양심을 따름으로가 아니라 예수 그리스도를 믿는 믿음에 있다는 것을 바울은 로마서에서 말하고 있습니다. 예수 그리스도를 믿는 믿음이 앞서고, 그로 인해 '의롭다 하심'이 있고, 그 뒤에야 비로소 의로운 사람 곧 의인에게 기대할 수 있는 정의롭고 공평한 행위가 가능하다고 보는 것입니다. 이것이 기독교 윤리의 독특성입니다.

불교는 무명에서의 '깨달음'을 말하고, 유교는 '수신'修身을 말합니다. 수신 곧 몸을 닦기 위해서는 먼저 사물에 대한 지식을 얻고格物致知, 격물치지, 뜻을 성실히 하고 마음을 바로잡아야 한다誠意正心, 성의정심는 것을 가르쳤습니다. 신유학에 와서는 이것을 거경궁리居敬窮理라는 말로 바꾸어 설명하였습니다. 바른 지식과 바른 마음가짐을 강조한 것입니다. 그러므로 앞에서 이야기했듯이 오직 한 군데 마음을 모아 흐트러지지 않는, 곧 주일무적主一無適하는 경공부敬工夫가 있어야 합니다.

하지만 기독교 윤리에서는 경공부를 통해 마음을 모으고 집중하여 도덕적 능력을 키울 수 있다거나, 참선이나 어떤 다른 방법을 통해 무명에서 벗어나 깨달음으로 윤리적 실천이 가능하다고 보지 않습니다. 왜냐하면 인간의 문제는 근본적으로 하나님과의 관계 문제이고, 하나님과의 관계를 막고 있는 문제는 바로 죄라고 보기 때문입니다. 그러므로 죄의 힘, 죄의 능력을 벗어나서 '그리스도 안'으로 삶의 중심을 옮기지 않고서는 하나님이 원하시는 온전한 삶 자체가 불가능하다고 보는 것이 기독교 윤리의 특징입니다. 이때 죄는 로마서 1장에서 서술하고 있는 것처럼 현상으로 나타날 수 있는 여러 가지 죄들sins뿐만 아니라, 근본적으로 하나님을 알지 못하고 하나님께 마땅히 돌아가야 할 영광을 돌리지 않는 죄Sin입니다. 로마서에서 바울은 이렇게 말합니다.

하나님의 진노가 불의로 진리를 막는 사람들의 모든 경건하지 않음과 불의에 대하여 하늘로부터 나타나나니 이는 하나님을 알 만한 것이 그들 속에 보임이라. 하나님께서 이를 그들에게 보이셨느니라. 창세로부터 그의 보이지 아니하는 것들 곧 그의 영원하신 능력과 신성이 그가 만드신 만물에 분명히 보여 알려졌나니 그러므로 그들이 핑계하지 못할지니라.　　　　　　　　롬 1:18-20

하나님은 전에는 이방인이요 하나님 바깥에 있던 사람들을 예수 그리스도를 통해 부르셨습니다. 에베소서 말씀을 보십시오.

그러므로 생각하라. 너희는 그때에 육체로는 이방인이요 손으로 육체에 행한 할례를 받은 무리라 칭하는 자들로부터 할례를 받지 않은 무리라 칭함을 받는 자들이라. 그때에 너희는 그리스도 밖에 있었고 이스라엘 나라 밖의 사람이라 약속의 언약들에 대하여는 외인이요 세상에서 소망이 없고 하나님도 없는 자이더니 이제

는 전에 멀리 있던 너희가 그리스도 예수 안에서 그리스도의 피로 가까워졌느니라. 엡 2:11-13

그리스도의 피를 통해서 이제 바깥에 있던 사람들이 이스라엘과 마찬가지로 하나님의 백성이 되었다는 것을 바울은 에베소서에서 분명하게 말하고 있습니다. 그러고 나서 그 후의 결과를 말합니다.

> 그러므로 이제부터 너희는 외인도 아니요 나그네도 아니요 오직 성도들과 동일한 시민이요 하나님의 권속이라. 너희는 사도들과 선지자들의 터 위에 세우심을 입은 자라. 그리스도 예수께서 친히 모퉁잇돌이 되셨느니라. 그의 안에서 건물마다 서로 연결하여 주 안에서 성전이 되어 가고 너희도 성령 안에서 하나님이 거하실 처소가 되기 위하여 그리스도 예수 안에서 함께 지어져 가느니라. 엡 2:19-22

하나님께서 오늘 교회의 일원으로 부른 사람들은 하나님의 공동체, 하나님 나라 백성이 되어 하나님 나라를 이루어 가고 있습니다. 이것을 바울은 "건물마다 서로 연결하여 주 안에서 성전이 되어"(엡 2:21) 가거나 "성령 안에서 하나님이 거하실 처

소가 되기 위하여 그리스도 예수 안에서 함께 지어져"(엡 2:22)
간다고 표현합니다. 중요한 것은 단순히 이런저런 행위를 하느
냐 하지 않느냐 하는 문제가 아니라, 그리스도 안에 있다면 그
리스도 안에 있음으로 드러나는 생명의 열매, 빛의 열매가 있는
가 하는 문제입니다. 그러므로 윤리 문제는 구원의 문제와 직결
되어 있습니다. 바울 서신이 대부분 구원의 문제를 먼저 다루고
윤리 문제를 곧장 이어서 다룬 이유가 바로 여기에 있습니다.

그리스도인, 어떻게 살 것인가

만일 기독교 윤리가 죄의 힘에서 벗어나 그리스도 안에서 그리
스도와 연합하는 데 있다면, 그리스도와의 연합이 어떻게 일어
나고 어떻게 지속되며 어떻게 우리 삶과 연관되는지 물어보아
야 할 것입니다. 이 문제는 성도의 삶에서 가장 중요한 문제입
니다. 이 문제를 생각하기 전에 먼저 바울이 에베소에 있는 성
도에게 가르친 기독교 윤리의 내용, 기독교적 삶의 덕목을 살펴
보겠습니다(기독교 윤리와 관련한 중요한 덕목은 갈라디아서 5:22-
23 '성령의 아홉 가지 열매'나 마태복음 5장 '팔복을 통해 예수께서
가르치신 여덟 가지 성품' 등을 통해서도 논의할 수 있을 것입니다. 그
러나 여기서는 편의상 에베소서 4장과 5장 초반부로 제한하겠습니다).

우선 우리가 주목할 것은, 바울이 무엇보다 **부르심에 합당한 삶**을 살도록 권하고 있다는 것입니다.

> 그러므로 주 안에서 갇힌 내가 너희를 권하노니 너희가 부르심을 받은 일에 합당하게 행하여 모든 겸손과 온유로 하고 오래 참음으로 사랑 가운데서 서로 용납하고 평안의 매는 줄로 성령이 하나되게 하신 것을 힘써 지키라.
>
> 엡 4:1-3

바울은 그리스도 안에서, 성령 하나님을 통해서 하나님 아버지께서 성도로, 하나님의 백성으로 부른 사람들에게 "부르심을 받은 일에 합당하게 행하"(엡 4:1)라고 권합니다. 그런 다음 그리스도인이 삶 속에서 행해야 할 것들을 여러 가지로 구체적으로 열거하고 있습니다(엡 4-6장).

두 번째로, 바울은 구체적인 목록들을 만들기에 앞서 '삶의 원칙'을 거론하고 있습니다. 에베소 성도들에게 하나님의 생명에서 떠난 이방인처럼 "그 마음의 허망한 것으로 행함같이 행하지 말라"(엡 4:17)고 말합니다. 이방인들이 하나님의 생명에서 떠난 이유로 바울은 "무지함"과 "마음의 굳어짐"을 들고 있습니다(엡 4:18). 말하자면 '인지적 측면' 곧 제대로 알지 못해서 무식한 것과 '의지적 측면' 곧 알면서도 마음이 굳어져서 원하지 않게 된 것이 원인이라는 것입니다. 바른 삶, 바른 윤리를 위해서는 사실 이 두 측면이 모두 중요합니다. 모르고서는 제대로 행할 수 없으므로 제대로 알고자 힘써야 합니다. 안다고 해도 원하지 않으면 할 수 없으므로 원하는 마음을 가져야 합니다. 그러므로 성령으로 거듭난 지성과 의지가 그리스도인의 삶을 위해 중요합니다. 이뿐이겠습니까? 바울은 "그들이 감각 없는 자가 되어"(엡 4:19)라고 말하며 감성의 중요성도 언급하고 있습니다. 감각이 없으면 어떻게 됩니까? 아픈지 아프지 않는지 구별할 수 없습니다. 깨끗한 것과 더러운 것, 고약한 냄새와 향기를 구별하지 못합니다. 그러므로 "자신을 방탕에 방임하여 모든 더러운 것을 욕심으로 행하되"(엡 4:19)라고 바울은 말합니다. 제대로 된 그리스도인의 삶을 살자면, 이렇게 **성령 안에서 거듭난 지성과 의지와 감성**이 필요합니다. 사람은 인격적 존재이기 때문에 이 세 요소를 떠나서는 제대로 살 수 없습니다. 그렇기 때문에 세 요소를 바울이 언급하고 있습니다.

바울은 삶의 원칙을 이야기하고는 그리스도인이 어떻게 살아야 할지 구체적으로 열거하고 있습니다. 첫째가 거짓을 버리고 이웃과 더불어 참된 것을 말하라는 것입니다. 곧 정직하게 말하라는 말입니다. 둘째가 분을 내지 말고, 혹 분을 내더라도 오래 품지 말라는 것입니다. 세 번째가 도둑질하지 말라는 것입니다. 오히려 "가난한 자에게 구제할 수 있도록 자기 손으로 수고하여 선한 일을 하라"(엡 4:28)고 권합니다. 네 번째가 더러운 말을 하지 말라는 것입니다. 욕설이나 험담이나 수군거림 같은 말을 해서는 안 된다는 말입니다. 말을 할 때는 "오직 덕을 세우는 데 소용되는 대로 선한 말을 하여 듣는 자들에게 은혜를 끼치게 하라"(엡 4:29)고 바울은 말합니다. 다섯 번째는 하나님의 성령을 근심하게 하지 말라는 것입니다. 이것은 윤리와 관계되지 않는 것처럼 보이지만, 모든 비윤리적 일은 두고 보면 성령을 근심하게 하는 일입니다. 성령 안에서 성도들이 "구원의 날까지 인치심을 받았"(엡 4:30)으므로 성령을 근심하게 하는 일을 하지 말라고 가르칩니다.

바울은 이제 앞에서 권고한 것을 다시 반복하면서 좀 더 적극적인 방식으로 가르칩니다. 여섯 번째는 서로 친절하라는 것입니다. 일곱 번째는 불쌍히 여기라는 것입니다. 여덟 번째는 서로 용서하라는 것입니다. 하나님이 그리스도 안에서 성도를 용서하심 같이 서로 용서하라고 권합니다. 아홉 번째는 서로 사랑하라는 것입니다. 열 번째는 모든 음행을 버리라는 것입니다. 열한 번째는 탐욕은 이름조차도 부르지 말라는 것입니다. 열두 번째는 어리석은 말, 희롱의 말, 헛된 말을 하지 말라는 것입니다. 만일 말을 하면 오히려 감사하는 말을 하라고 권합니다. 그러면서 기독교 윤리의 기초를 핵심적으로 보여주는 교훈을 결론적으로 제시합니다.

> 너희가 전에는 어둠이더니 이제는 주 안에서 빛이라. 빛의 자녀들처럼 행하라. 빛의 열매는 모든 착함과 의로움과 진실함에 있느니라.
>
> 엡 5:8-9

그리스도 안에서 성도는 더 이상 어둠에 속하지 않고 주 안에서 빛입니다. 앞서 열두 가지 사항을 권한 까닭이 바로 이것입니다. 성도 곧 그리스도인은 빛이요 빛의 자녀입니다. 그러므로 **빛의 자녀들답게 행해야** 합니다. 그로 인해 거두는 열매를 다시 세 가지로 요약해서 "**모든 착함과 의로움과 진실함**"이라고 말하고 있습니다. 앞에서 이야기했듯이 이 세 가지는 하나님이 아브라함과 언약을 맺으실 때, 하나님이 모세를 통해 이스라엘을 가르치실 때, 하나님이 선지자들을 통해 이스라엘 백성들을 경고하실 때 언제나 동일하게 반복해서 가르친 것입니다. 여기서 중요한 것은 그리스도 밖에서 그리스도 안으로의 소속의 변화, 존재의 변화 없이는 이 열매를 거둘 수 없다는 것입니다. 그러면 그리스도 안으로의 존재 변화는 어떻게 일어납니까? 이제 이 물음에 대해서 생각해 보도록 하겠습니다.

그리스도 밖에서 그리스도 안으로

그리스도인이 윤리적으로 올바르고 정의롭게 사는 길은 **어둠에서 빛으로, 그리스도 밖에서 그리스도 안으로**의 존재 변화를 통해서 가능합니다. 존재 변화 없이 삶의 변화가 있을 수 없다는 것이 성경의 가르침입니다. 예수님은 산상설교 마지막 부분에서 "그들의 열매로 그들을 알리라"(마 7:20)고 말씀하십니다. 가시나무가 포도를, 엉겅퀴가 무화과 열매를 맺을 수 없습니다. 좋은 나무가 좋은 열매를 맺고 나쁜 나무는 나쁜 열매를 맺습니다. 토마스 아퀴나스는 이를 아주 간명하게 이렇게 표현하였습니다. "행위는 존재를 뒤따른다."*Agere sequitur esse* 저는 이 말이 옳다고 믿습니다. 우리가 어떤 행위를 하는가, 우리가 어떻게 사는가, 이것이 우리의 존재를 규정하는 면도 있습니다. 그러나 행위와 존재의 도식을 두고 선후 관계를 이야기하자면, 역시 존재가 행위에 선행한다고 해야 할 것입니다. 내가 누구인가 하는 것은 내가 하는 행위로 드러납니다. '그리스도와 하나됨' 또는 '그리스도와의 연합'*Unio cum Christo, Union with Christ*은 존재 변화가 어떻게 일어나는지를 보여주는 가장 좋은 개념이며 사상일 것입니다. 어떻게 그리스도와 하나되는 사건이 일어날까요? 갈라디아서 말씀을 보십시오.

내가 그리스도와 함께 십자가에 못 박혔나니 그런즉 이제는 내가 사는 것이 아니요 오직 내 안에 그리스도께서 사시는 것이라. 이제 내가 육체 가운데 사는 것은 나를 사랑하사 나를 위하여 자기 자신을 버리신 하나님의 아들을 믿는 믿음 안에서 사는 것이라.

갈 2:20

그리스도와의 연합에 대하여 바울은 "이제는 내가 사는 것이 아니요 오직 내 안에 그리스도께서 사시는 것이라"고 표현하고, 이것을 다시 풀어서 "내가 육체 가운데 사는 것은 나를 사랑하사 나를 위하여 자기 자신을 버리신 하나님의 아들을 믿는 믿음 안에서 사는 것이라"고 설명하고 있습니다. 뒤의 구절을 줄여서 다시 쓰면, "이제 내가 사는 것은 그리스도를 믿는 믿음 안에서 사는 것이라"고 할 수 있습니다. 그렇다면 그리스도와의 연합은 "이제는 내가 사는 것이 아니요 오직 내 안에 그리스도께서 사시는 것이라" 또는 "이제 내가 사는 것은 하나님의 아들을 믿는 믿음 안에서 사는 것이라"고 할 수 있습니다. 이것이 무슨 뜻입니까? 위의 말씀을 다시 읽어 봅시다. 어떻게 시작되고 있습니까? "내가 그리스도와 함께 십자가에 못 박혔나니"입니다. 만일 이 사건이 선행되지 않는다면, 바울이 말하고자 하는 사태가 발생할 수 없습니다. 그러므로 십자가의 죽음이 선행하고 그리스도 안에서의 삶이 그에 따라 오는 것이라면 이렇게 표현할 수 있습니다. "내가 그리스도와 함께 십자가에 못 박혀 죽었다. 그러므로 이제 내가 사는 것이 아니라 내 안에 그리스도께서 사신다" 또는 "내가 그리스도와 함께 십자가에 못 박혀 죽었다. 그러므로 이제 내가 사는 것은 하나님의 아들을 믿는 믿음 안에서 사는 것이다." 그런데 로마서 6장 앞부분을 보십시오. 바울이 여기서 말하고자 하는 내용의 한 면을 좀 더 분명하게 설명해 줍니다. 다소 길지만 한 구절 한 구절이 중요하므로 인용해 보겠습니다.

그런즉 우리가 무슨 말을 하리요. 은혜를 더하게 하려고 죄에 거하겠느냐. 그럴 수 없느니라. 죄에 대하여 죽은 우리가 어찌 그 가운데 더 살리요. 무릇 그리스도 예수와 합하여 세례를 받은 우리는 그의 죽으심과 합하여 세례를 받은 줄을 알지 못하느냐. 그러므로 우리가 **그의 죽으심과 합하여 세례를 받음으로 그와 함께 장사되었나니** 이는 아버지의 영광으로 말미암아 **그리스도를 죽은 자 가운데서 살리심과 같이 우리로 또한 새 생명 가운데서 행하게 하려 함이라.** 만일 우리가 그의 죽으심과 같은 모양으로 연합한 자가 되었으면 또한 그의 부활과 같은 모양으로 연합한 자도 되리라. 우리가 알거니와 우리의 옛 사람이 예수와 함께 십자가에 못 박힌 것은 죄의 몸이 죽어 다시는 우리가 죄에게 종 노릇 하지 아니하려 함이니. 이는 죽은 자가 죄에서 벗어나 의롭다 하심을 얻었음이라. **만일 우리가 그리스도와 함께 죽었으면 또한 그와 함께 살 줄을 믿노니.** 이는 그리스도께서 죽은 자 가운데서 살아나셨으매 다시 죽지 아니하시고 사망이 다시 그를 주장하지 못할 줄을 앎이로라. 그가 죽으심은 죄에 대하여 단번에 죽으심이요 그가 살아 계심은 하나님께 대하여 살아 계심이니. 이와 같이 너**희도 너희 자신을 죄에 대하여는 죽은 자요 그리스도 예수 안에서 하나님께 대하여는 살아 있는 자로 여길지어다.** 롬 6:1-8

본문에는 몇 가지 특징이 있습니다. 무엇보다 먼저 눈에 들어오는 것은 과정입니다. 앞의 상태에서 다음 상태로 변화하는 과정이 '우리'에게 일어났다는 사실을 바울은 강조해서 말합니다. "죄에 대하여 죽은 우리가 어찌 그 가운데 더 살리요. 무릇 그리스도 예수와 합하여 세례를 받은 우리는 그의 죽으심과 합하여 세례를 받은 줄을 알지 못하느냐"(롬 6:2-3). 만일 우리가 주의 이름으로 세례를 받았다면, 세례를 받을 때 예수와 함께 십자가에 못 박혀 함께 죽었고, 예수께서 살아나신 것처럼 함께 다시 살아날 것이라는 말입니다.

두 번째 특징은 죽음과 삶이 여러 번 대비되고 있다는 것입니다. 죽음은 죄와 관련되고 삶은 우리를 믿음으로 의롭다 하신 하나님과 관련됩니다. "우리의 옛 사람이 예수와 함께 십자가에 못 박힌 것은 죄의 몸이 죽어 다시는 우리가 죄에게 종 노릇 하지 아니하려 함이니 이는 죽은 자가 죄에서 벗어나 의롭다 하심을 얻었음이라"(롬 6:6-7).

세 번째로, 죽음과 삶의 사건은 먼저 예수 그리스도의 죽음과 다시 살아난 사건이고, 이어서 '우리'도 그분의 죽음과 다시 살아난 사건에 함께 참여한다는 사실을 보여줍니다. 여기서 중요한 주제는 '연합'입니다. 예수 그리스도와 연합하여 우리가 함께 십자가에 못 박혀 죽었으면, 예수 그리스도와 함께 살아날 것을 기대하고 살라는 것입니다. 예수와 함께 죽고 함께 살아나게 한 것은, 우리가 이제 죄의 종으로 살지 않고 새 생명 가운데서 살도록 하기 위한 것이라고 바울은 말합니다.

여기서 주목할 것은 예수와 함께 십자가에 못 박히고 예수와 함께 살아난다는 것입니다. 예수의 십자가 사건과 부활 사건을 대할 때, 예수께만 일어난 사건으로 보는 경우가 많습니다. 예수께서 십자가에 못 박히고 부활하심으로, 하나님께서 하나님과 우리 사이의 막힌 담을 여시고 우리와 화해하셔서, 이제 예수를 주님이라고 고백하면 죽음의 세력에서 벗어나 생명으로 들어간다고 말이지요. 다시 말해 십자가와 부활은 객관적으로 일어난 사건이고, 주님의 이름을 부르면 그 은혜가 나에게로 전해 오는 것처럼 우리는 생각합니다.

그러나 성경의 가르침은 여기에 그치지 않습니다. 예수의 십자가와 부활 사건은 2천 년 전에 일어난 객관적 사건이면서 동시에 오늘 우리에게도 일어나는 주관적 사건입니다. 갈라디아서 2:20과 앞에서 읽은 로마서 6:6을 자세히 보십시오. 두 구절 모두 우리가 예수와 함께 십자가에 못 박혔다고 말합니다. 2천여 년 전 골고다 언덕에서 예수께서 십자가에 못 박히실 때, 우리가 그 자리에 있었습니까? 그때 우리는 아직 태어나지 않았습니다. 그러면 어떻게 내가 예수와 함께 십자가에 못 박히고 어떻게 예수와 함께 부활합니까? 이에 대해 바울은 **세례**를 통해서라고 답합니다(롬 6:3-4). 세례와 더불어 **성찬**도 중요합니다. 우리는 성찬에 참여할 때, 그리스도와 함께 죽고 그리스도와 함께 살아난 경험을 하게 됩니다. 유감스럽게도 우리 개신교의 성찬은 이 면을 많이 잃어버렸습니다. 올바른 믿음의 회복을 위해 성찬의 회복이 참으로 절실합니다.

그런데 로마서와 갈라디아서를 쓴 바울에게는 언제 이 일이 일어났습니까? 바로 다메섹 도상입니다. 다메섹으로 가는 길에서 예수를 만났을 때, 바울은 그분이 하나님의 아들이요 메시아임을 체험하였습니다. 그러므로 바울은 눈을 다시 뜬 직후 유대인들의 회당에 섰을 때, 예수는 하나님의 아들이요, 메시아 곧 그리스도라고 증언하였습니다. 예수와 만남으로 예수의 영 곧 성령께서 바울에게 오시고, 바울은 성령 가운데 임재한 예수와 함께 사는 삶을 체험하였습니다. 그래서 바울은 "이제는 내가 사는 것이 아니요 오직 내 안에 그리스도께서 사시는 것이라"(갈 2:20)고 말합니다. 그리스도인의 윤리를 말할 수 있는 근거가 여기에 있습니다. **예수 그리스도와 함께 십자가에 못 박히고 예수 그리스도와 함께 다시 살아나 이제는 내 뜻대로 살지 않고, 내 안에 계시는 성령의 진리로 거룩하게 하시는 사역을 따라 예수 그리스도를 닮아 하나님을 사랑하고 이웃을 사랑하는 삶 가운데 그리스도인의 윤리가 있습니다.** 이 윤리는 자연적 본성에 따라 나 중심으로 살아가던 삶에서 **하나님 중심과 이웃 중심으로 삶의 축이 바뀐 윤리입니다.**

이러한 윤리적 삶을 바울은 "나를 사랑하사 나를 위하여 자기 자신을 버리신 하나님의 아들을 믿는 믿음 안에서 사는 것"(갈 2:20)이라 표현하고 있습니다.

이제 강의를 마무리하겠습니다. 예수 그리스도를 믿는 믿음을 우리는 두 단계로 나누어 설명할 수 있습니다. 하나는 예수 그리스도를 구주로 영접하는 믿음의 단계 곧 **회심의 단계**입니다. 예수를 믿지 않고 있다가 이제 예수 그리스도를 주님으로 믿고 따르겠다고 고백하는 단계입니다. 이 고백이 있을 때 세례라는 가시적 수단을 통해서 믿음의 가족된 표시를 받습니다(유아세례를 받고 신앙의 분위기에서 자라 온 사람은 이런 경험이 약하거나 분명하지 않을 수 있습니다. 그러나 바른 믿음이라면 신앙을 인격적으로 고백하는 체험이 결여될 수 없습니다).

두 번째 단계는 그러한 **믿음을 가지고 사는 것**입니다. 바울이 갈라디아서 2:20에서 "이제 내가 육체 가운데 사는 것은 하나님의 아들을 믿는 믿음으로 사는 것이라"고 말할 때 그가 염두에 둔 '믿음으로 사는 것'은, 회심 단계의 믿음이 아니라 삶 속에 지속적으로 생명력을 내는 믿음입니다. 이렇게 보면 믿음은 회심과 관련하여 볼 때 '순간적'이고, 바울이 "내가 육체 가운데 사는 것은"이라고 표현한 지상의 삶의 관점에서 볼 때는 '과정적'이고 '지속적'입니다. 예수 그리스도를 믿는 믿음으로 우리는 그리스도와 함께 십자가에 못 박혀 죽고 묻혀서 그리스도와 함께 살아날 뿐 아니라, 이 땅에 거주하는 동안 성령 가운데서 아버지 하나님을 기쁘게 하는 삶을 살아갈 수 있습니다. 믿음은 한 '순간'에 발생하면서 삶 속에서 끊임없는 '과정'으로,

쉬지 않는 '지속'으로 유지되고 지탱됩니다.

그러므로 바울이 "의인은 믿음으로 산다"고 할 때, "믿음으로 의롭게 된다"고 할 때, 믿음은 어느 '순간'에 시작하여 끊임없는 '지속'과 '과정'으로서 의미를 갖는 믿음으로 보아야 할 것입니다. 다시 말해 이 믿음은, 단 한 번의, 한 순간의 믿음일 뿐만 아니라, 처음 믿을 때 생긴 믿음이 죽을 때까지 쉬지 않고 삶의 실천을 통해 지탱되고 유지되는 믿음입니다. 이때 실천은 믿음에 근거를 둔 실천이고 믿음은 실천으로 열매 맺는 믿음이라 하겠습니다. 바울처럼 우리도 이 땅에 사는 것이 믿음으로 사는 것이라 고백할 수 있으면 좋겠습니다. 이 믿음에는 소망과 사랑과 이로부터 오는 인내와 겸손과 오래 참음과 온유가 함께 담겨 있습니다.

Q

1 '사랑'으로 요약되는 기독교 윤리에 어떻게 사회적 윤리가 포함됩니까?

2 기독교 윤리가 유대교 또는 다른 종교의 윤리와 구별되는 점이 무엇입니까?

3 "행위는 존재를 뒤따른다"는 말을 어떻게 생각합니까? 그리스도인은 어떻게 존재의 변화, 다시 말해 그리스도와의 연합을 경험합니까?
(롬 6:1-8, 갈 2:20)

4 믿음으로 살아간다는 것은 지속적인 삶의 열매 곧 윤리적 실천과 분리될 수 없습니다. '지속적 실천'이란 관점에서 오늘 나의 믿음과 우리 공동체의 믿음을 돌아보면 어떻습니까?

4강 · 앎을 추구하는 믿음

이제 끝으로 우리가 몸담고 있는 한국 교회 현실로 돌아와 봅시다. 지금까지 이야기한 믿음의 삶을 살기 위해서는 무엇이 필요할까요? 성경 읽기와 기도, 예배 참석과 헌금 생활이 기본이겠지요. 우리나라는 이 네 가지를 강조하고 실천하는 면에서 세계 어느 교회에도 뒤떨어지지 않는다고 저는 생각합니다. 그런데 그렇게도 오랫동안 성경도 강조하고 기도도 강조하고 예배나 헌금 생활도 그 어느 나라에 비교할 수 없을 정도로 잘하고 있는 교회 전통을 가졌는데, 오늘날 한국 교회의 민낯을 들여다보면 부끄러워하지 않을 수 없습니다. 많은 장점과 자랑이 있음에도 불구하고 여전히 우리에게 부족한 것이 무엇인지 이 강의를 통해 말씀드리겠습니다.

신앙 따로, 삶 따로

저는 우리 한국 교회가 자랑거리가 많은 교회라고 믿어 왔고 지금도 여전히 그렇게 믿습니다. 국사편찬위원장을 역임한 이만열 교수님께서 늘 강조하시듯이, 한국 기독교는 선교 초기부터 '성경 기독교'라고 부를 정도로 성경을 사랑하는 교회입니다. 월요일 아침부터 금요일 저녁까지, 창세기에서 요한계시록까지 성경 전체를 단 5일 만에 통독하는 교회가 우리나라를 빼고는 세계 어느 곳에도 없습니다. 예배와 기도 모임의 종류나 횟수에서도 한국 교회는 단연 세계 1위입니다. 주일예배는 말할 것 없이 새벽기도회, 수요기도회, 금요기도회 등 일주일에 열 차례가 넘게 성도들이 교회에 모입니다. 한국 교회는 헌금하는 데도 열심이고 선교하는 데도 열심입니다. 한국 기독교의 특징을 한 단어로 말해 보라면, 저는 '열심'이라고 망설임 없이 답합니다. 열심은 한국 교회의 자랑입니다.

그런데 그렇게 열심이 많은데 오늘날 한국 교회가 왜 비난을 받습니까? 신앙의 기본이라 할 수 있는 성경 읽기와 기도, 예배, 헌금, 전도에 열심이라면 더 이상 바랄 것이 없지 않습니까? 세상 사람들보다 삶이 단정하고, 정직하고 정갈하며, 이웃을 사랑하고 살 듯한데, 그럼에도 세상 사람들로부터 비난받는 이유가 무엇입니까?

질문의 방향을 바꾸어 다시 물어보겠습니다. 방금 한 질문은 바깥 사람들이 하는 비난을 들으면서 교회 안을 들여다보자는 의미에서 교회를 향해서 던지는 질문입니다. 교회 안에서 나오는 질문은 어떤 것이 있습니까? 저는 무엇보다 한국 교회 위기에 대한 물음이 가장 큰 질문이 아닐까 싶습니다. 지금 한국 교회가 커다란 위기에 처해 있다는 의식에서 비롯된 질문입니다. 지난 삼사십 년 사이에 한국 교회는 급격한 성장과 쇠락을 경험하고 있습니다. 지금은 교회를 찾아오는 사람보다 떠나는 사람이 더 많습니다. 이른바 '가나안 성도'가 늘어나고 있다는 것입니다. '가나안 성도'는 예수는 계속 믿지만 교회의 일원으로는 더 이상 남아 있지 않겠다는 사람들입니다. 그 이유는 여러 가지일 수 있습니다. 또한 세상 사람들이 교회를 비난하는 이유도 다양할 수 있습니다. 하지만 바깥에서 교회를 들여다보나, 바깥으로 나가는 사람들을 통해 안에서부터 다시 교회를 둘러보나 문제 상황은 같다고 저는 생각합니다. 한마디로 '신뢰 상실'입니다.

바른교회아카데미와 기독교윤리실천운동이 전문 여론 기관에 의뢰하여 여러 해 이어서 기독교인과 교회 신뢰도 조사를 한 결과를 보면, 결과는 해마다 비슷합니다. 바깥 사람들 가운데서 한국 교회와 한국 교회 성도들을 신뢰한다는 사람이 18퍼센트를 거의 넘지 못했습니다. 기독교윤리실천운동은 2006년부터 우리 한국 사회에서 교회가 어떻게 신뢰를 얻을 수 있을지 고민하면서 운동을 전개해 왔습니다. 이때 저는 공동대표 가운데 한 사람이었습니다. 그런데 10년이 지난 뒤 결과는 더욱 나빠졌습니다. 교회는 오히려 신뢰를 더욱 잃어가고 있는 듯합니다. 너무나 뻔한 이야기입니다만, 개인이나 단체나 신뢰를 잃으면 사실 거의 모든 것을 잃은 것이나 마찬가지입니다. 신뢰가 없이는 가르칠 수도 없고 전도할 수도 없고 남과 더불어 살 수도 없습니다. 신뢰가 없다면 콩으로 메주를 쑨다고 해도 믿지 않습니다. 그런데 한국 근대문화 형성에 그토록 영향을 주었고 한국 사회 변화에 그토록 선한 영향을 미친 교회가 이제 와서 신뢰를 잃게 된 까닭이 무엇입니까?

한 개인이 신뢰를 잃는 경우를 생각해 보십시오. 약속을 지키지 않고, 정직하지 않고, 말과 행동이 다르고, 자기중심적으로 행동할 때 사람들은 그런 사람을 믿지 않습니다. 교회도 마찬가지로 지도자들의 언행이 일치하지 않는다든지, 이웃을 고려하지 않고 지나치게 이기적으로 자신들만 생각한다든지, 교인들의 생활이 신앙이 없는 사람들과 별 차이가 없다든지 하는 것들이 신뢰를 잃게 된 이유일 것이라고 추정해 봅니다. 신뢰

상실의 이유는 흔히 우리가 '도덕적'이라 부르는 것과 관계있습니다. 정직, 언행일치, 이타적 삶 등은 신앙이 있든지 없든지 사람이면 누구나 기본적으로 가져야 할 도덕적 덕목이라고 사람들은 생각합니다. 신앙이 없는 사람 가운데도 이러한 덕목을 소중하게 생각하고 이를 따라 살아가는 사람들이 있는가 하면, 이것을 알면서도 실제로는 적당히 위반하거나 무시하면서 살아가는 사람들도 있습니다. 이러한 덕목을 지키지 못하거나 무시하는 사람들도 (이중적이기는 하지만) 교회 다니는 사람들은 최소한 자신들보다 도덕적으로 더 나은 삶을 살기를 기대합니다. 그러한 가운데 그 기대가 충족되지 않을 때 당연히 비난이나 조소가 뒤따르는 것입니다. 전체가 아니라 부분적이라 해도 한국 교회는 이러한 비난의 대상이 될 수 있는 '도덕적 실패'를 막아내지 못했습니다.

그런데 교회 안에는, 특히 목회자들 가운데는 기독교 신앙은 도덕과 무관하다고 생각하는 분들이 의외로 많은 듯합니다. 앞에서 말했듯이 기독교 복음은 분명히 도덕 체계나 도덕 이론이 아닙니다. 사람이 '도덕적'이 된다고 하나님 나라의 자녀가 되는 것이 아닙니다. 하나님 나라의 자녀가 되어 새 생명을 얻는 것은 도덕적 행위와 무관합니다. 우리는 도덕적으로 볼 때 하나님 앞에 설 수 없는 사람들입니다. 성경은 "의인은 없나니 하나도 없으며"(롬 3:10)라고 말합니다. 그렇다면 하나님 나라의 자녀는 비非도덕적이어야 하거나, 무無도덕적이어야 하거나, 초超도덕적이어야 할까요? 아니면 탈脫도덕적이어야 할까요? 하나님의 자녀는 도덕주의에 빠져서도 안 되지만, 그렇다고 비도덕적이 되거나 무도덕적이 되거나 초도덕적이 되거나 탈도덕적이 되어서도 안 됩니다. 하나님의 자녀는 새로운 생명으로 인해, 새로운 빛의 생명이 맺은 열매로 인해 흔히 세상에서 '도덕적'이라고 부르는 결과를 가져옵니다. 앞에서 말했듯이 에베소서 5장은 그것을 일컬어 "착함과 의로움과 진실함"이라고 부릅니다.

이와 관련하여 조금 더 생각해 보겠습니다. 왜 한국 교회 교인들은 "신앙은 열심인데, 삶이 따르지 않는다"는 말을 듣습니까? '신앙 따로, 삶 따로'는 사실 거듭나지 못한 사람의 일반적 성향입니다. 생각은 하면서, 제대로 알기는 하면서도 삶은 다르게 살아가는 것이 사람입니다. 말하는 것, 행동하는 것, 믿는 것과 실제로 다르게 사는 것이 사람들이 보통 살아가는 방식입니다. 그런데 사람의 이러한 일반적 성향이 신학적 오해 때문에 강화되었을 수 있습니다. 한국 교회는 '오직 믿음으로 의롭게 된다'는 이른바 '이신칭의'以信稱義 교리의 영향으로 형성된 개신교 교회입니다. 지금까지 줄곧 언급한 '한국 교회'는 가톨릭교회가 아니라 한국 개신교 교회를 두고 말한 것입니다. 개신교 교회는 가톨릭교회와 달리 선행을 강조하지 않습니다. 신자들도 봉사 활동은 열심히 하지만 그것을 '선행'이란 관점에서 보지 않습니다. 의도했든 의도하지 않았든 간에, 이것이 가져온 결과는 '신 앙 따로, 삶 따로'라는 이상한 방식의 신앙생활의 관행입니다.

그러나 루터를 보십시오. 루터의 '이신칭의'는 '믿음 따로 삶 따로'를 말하고자 했던 것이 전혀 아닙니다. 루터의 『그리스 도인의 자유』*를 읽어 보면, 도무지 이런 생각을 할 수 없다는 것을 금방 알게 됩니다. 그리스도인은 믿음으로 의롭게 됩니다. 그러므로 그리스도인은 누구에게도 종속되지 않습니다. 그리 스도인은 자유인입니다. 그러나 믿음은 그로 인해 하나님으로 부터 의롭다 하심을 받는 것이면서 동시에 그로 인해 그리스도 와 연합하는 것입니다. 그리스도와 연합하여 하나가 된 사람은 그리스도와 함께 죽고 함께 사는 사람이 되며, 그리스도와 함께 사는 사람은 마치 그리스도처럼 선한 행실의 삶을 살게 됩니다.

● 『교회의 바벨론 포로』, 『독일 그리스도인 귀족에게 고함』과 더불어 루터의 종교 개혁 3대 논문 중 하나로, 교황 레오 10세의 교서를 받은 루터가 교황에게 보내 는 편지와 함께 붙여 써 보낸 글이다. "그리스도인은 만물의 자유로운 주인이며 누구에게도 종속되지 않는다. 그리스도인은 만물의 종이며 누구에게나 종속된 다"는 문장이 유명하다.

이때 그리스도인은 그리스도 안에서 모든 사람을 섬기는 종이 됩니다. 선행은 믿음에서 필연적으로 우러나온 열매입니다. 따라서 만일 도덕적으로 선하다고 판단할 수 있는 행위가 뒤따라오지 않는다면, 그 믿음은 그리스도와 연합하여 그리스도와 하나가 된 믿음이 아니라고 해야 할 것입니다.

상식으로부터 멀어진 교회

'도덕적 실패' 못지않게 한국 교회가 신뢰를 잃는 이유 가운데 하나로 고려해야 할 것은 상식에서 벗어난 사고와 행동이 아닐까 싶습니다. 세월이 조금 지났습니다만, 2012년 여름에 발표된 한국기독교총연합회(약칭 한기총) 성명서를 보십시오. 인터넷을 통해 쉽게 찾아서 읽을 수 있습니다. 이 성명서는 오늘날 한국 교회 안에서 크고 작은 교회를 막론하고 많은 교회에서 자행되고 있는 '교회 세습'을 '세습'이나 '승계'라 하지 말고 '청빙'이라 해야 한다고 주장합니다. 기독교윤리실천운동을 비롯한 세습을 반대하는 단체들에 대해서 한기총은 "인본주의적이고 비이성적인 세상의 잣대로 교회를 재단하고 세상 언론에 유포하며 한국 교회의 성장을 방해하는 소수의 진보적 세력들로 말미암아 한국 교회 전체가 오해와 편견 속에 복음의 길이 막히는 것을 매우 안타깝게 생각하며 유감을 표명하는 바"라고 말합니다.

누가 보더라도 교회 세습은 상식에서 벗어납니다. 예를 들어 봅시다. 아버지가 교수인 경우, 아들도 아버지를 따라 교수가 될 수 있습니다. 아버지가 공무원인 경우, 아들도 공무원이 될 수 있습니다. 아버지가 의사인 경우, 아들도 의사가 될 수 있습니다. 마찬가지로 아버지가 목사인 경우, 아들도 목사가 될 수 있습니다. 아버지의 영향을 받아 아버지가 하는 일을 아들이 따라 할 수 있습니다. 하지만 교수가 되거나 공무원이 되거나 의사가 되거나 목사가 되거나, 어느 경우에도 아버지가 있던 자리, 아버지가 일하던 일터를 물려받는 경우는 없습니다. 아버지가 서울대 교수라고 해서 아들이 서울대 교수가 되는 것은 아니고, 아버지가 교육부에서 근무하는 공무원이라고 해서 아들이 교육부 공무원이 되는 것은 아닙니다. 만일 그렇게 된다면, 이것은 그 아버지의 아들이기 때문이 아니라 그렇게 될 만한 객관적 조건을 갖추었기 때문입니다.

예를 든 가운데 만일 예외가 있다면 의사일 경우입니다. 아버지가 아산병원 의사라고 해서 아들이 아산병원 의사가 되는 것은 아닙니다. 그런데 아버지가 만일 개인병원을 가진 의사라고 해보십시오. 그러면 의사 아버지는 의사 아들에게 병원을 물려줄 수 있습니다. 왜냐하면 그 병원은 자신의 병원이기 때문입니다. 물론 이 경우, 만일 이사회가 있을 경우, 이사회의 의결을 거쳐서 법적으로 아들이 아버지의 병원을 그야말로 '세습'하게 됩니다. 의사가 아들에게 자신의 병원을 물려줄 수 있는 것은 병원이 자신의 소유이기 때문입니다. 다른 사업장도 마찬가지입니다.

그런데 교회는 원칙적으로 아버지 목사의 소유가 아닙니다. 그럼에도 아버지 목사가 아들 목사에게, 비록 법적 절차를 거쳐 승계한다고 해도, 어떤 방식을 취하든 자신의 아들에게 물려준다면, 물려주는 행위를 통해 교회는 마치 그의 소유인 것처럼 됩니다. 법적으로 소유권 등록을 하지 않았다고 해도 이런 방식으로 교회는 실질적으로 사유화됩니다. 이렇게 물려준 교회는 이름으로는 교회이지만 실상은 하나의 회사요 기업체입니다. 아들이나 사위가 물려받아야 교회가 조용하고 잘될 것이라 말하는 것도 교회가 이미 회사나 기업체가 되었다는 말과 다름없다고 해야 할 것입니다.

하나님의 이름으로, 성경에 나오는 아브라함과 이삭과 야곱과 요셉의 이름으로, 소명의 이름으로, 신앙의 이름으로 교회 세습을 감행하는 것은 상식에 어긋난 일입니다. 여기서 '상식'이란 예를 들어 "미국의 행정 수도는 워싱턴 D.C."라든지 "물은 100도에서 끓는다"라든지 하는 것을 안다는 의미에서의 일반 '상식'common knowledge을 두고 하는 말이 아닙니다. '남과 함께 사회를 이루면서 살아가는 가운데 누구에게나 필요한 의식'이란 의미에서의 '상식'common sense 곧 '공통의 지각 능력', '공통의 의식'을 말합니다. 이것은 생각하고 판단하고 추론하고 결론을 내릴 수 있는 능력 곧 '지성'과 '이성'과 관련됩니다. 그런데 상식과 지성, 상식과 이성은 같은 능력은 아닙니다. 왜냐하면 지성과 이성 능력이 뛰어난 사람 가운데도 가끔 공통의 지각 능력 곧 상식이 결여되거나 부족한 경우가 종종 있기 때문입니다. 특히 한 분야에 깊이 몰두하는 사람 가운데 이런 경우가 있을 수 있습니다. 따라서 공통의 지각 능력 곧 상식이 지성과 이성과 같은 능력이라 할 수 없습니다.

하지만 이 능력이 서로 깊이 이어져 있음을 우리는 부인할 수 없습니다. 대부분의 경우에는 이 두 능력이 구별되지 않고 서로 긴밀히 연관되어 드러납니다. 둘 가운데 어느 것이 기초가 되며 선행하는가 묻는다면, 답하기가 쉽지 않을 것입니다. 어떤 경우이든 공통의 지각 능력인 '상식'은 지성과 이성을 사용하여 타인과 함께 공동의 삶을 살아가는 기반이라 할 수 있을 것입니다. 만일 이러한 공통의 의식, 공통의 지각 능력인 상식이 없이 홀로 개인의 사적인 의식private sense만 있다면, 다른 사람과 함께 공동의 세계를 나누면서 살아갈 수 없을 것입니다. 왜냐하면 그럴 경우 남이 하는 말을 알아듣지 못할 것이고, 남이 '빵'이라 부르는 것이 '빵'인지도 모를 것이며, 남이 비난하는 것이 왜 비난하는 것인지도 모를 것이기 때문입니다. 그런데 다행스럽게도 사람이면 누구에게나 남이 하는 말을 알아듣고 선악을 구별하며 반응할 수 있는 능력이 있습니다.

그런데 왜 교회 안에 상식적으로 이해할 수 없는 일들이 일어납니까? 우리가 어릴 때부터 교회 안에서 자주 듣던 말이 무엇입니까? "따지지 말고 믿어라!", "신앙은 무조건 믿는 것이다!", "머리 쓰지 말아라!", "무조건 순종해라!"와 같은 말입니다. 강단에서는 여전히 무조건적 믿음과 절대 순종을 강조하고 성도들은 '아멘'으로 화답합니다. '반지성주의'는 이것을 두고 붙인 이름입니다. 한국 교회 안에 만연한 반지성주의를 두고 "한국 교회 교인들은 교회 안에 들어올 때는 머리를 바깥에 떼어 놓고 가슴만 가지고 들어왔다가 나갈 때 다시 머리를 붙이고 교회를 떠나도록 훈련받았다"고 하면 지나친 표현일까요? 성도들이나 교회 지도자들이 머리는 교회 바깥에 두고 들어오기 때문에 교회 안에서는 아무런 영향을 받지 않다가, 다시 세상으로 나갈 때는 그 머리를 다시 붙이고 나가기 때문에 세상에서는 여전히 세상 방식으로 생각한다는 것이 문제입니다. 하나님의 말씀은 가슴뿐만 아니라 머리도 바꾸고 나의 손과 발도 바꾸어서 온전한 그리스도의 사람으로 세상에서 살아가게 하는 힘이 있는데도, 예배와 설교 시간에 머리는 바깥에 두고 오기 때문에 그렇게 할 수 없습니다.

왜 이렇게 되었습니까? 지성과 이성에 대한 오해가 크게 영향을 주었다고 생각합니다. 사실 지성이나 이성이 무엇인지도 모른 채 '신앙을 가지게 되면 지성과 이성은 완전히 배제해야 하는 것'처럼 그리스도인은 배웠습니다. 지성이나 이성을 사용하면 인본주의나 세속주의에 빠지는 것처럼 생각합니다. 그래서 세상에 살 때는 지성이나 이성을 사용하더라도 교회생활과 신앙생활에서는 지성이나 이성을 사용해서는 안 되고 '오직 믿음'만을 내세워야 하는 것처럼 오해합니다. 성경말씀을 잘 따른다는 교회 교인들은 대체로 이런 방식으로 신앙을 배웠습니다. 그런데 이게 실제로 그렇습니까? 정말 참된 신앙을 위해서는 지성을 배제하고 이성을 죽여야 합니까? 반지성주의, 반이성주의야말로 참된 신앙의 태도입니까?

지성과 이성

먼저 지성에 대해 생각해 보겠습니다. '지성'知性, mind, intellect은 문자 그대로 '앎의 능력'을 말합니다. 우리는 내 앞에 책상이 있으면 그것이 책상인 줄 알고, 책상이 네모난 줄 알며, 책을 읽거나 글을 쓸 때 도구로 사용할 줄 압니다. 빨간 장미꽃을 보면 "저 꽃은 장미꽃이다", "저 장미꽃은 빨갛다"고 말하는 능력이 다름 아니라 지성입니다. "2 더하기 3은 5"라고 말할 수 있는 것도 지성 때문에 가능합니다.

'이성'理性, reason은 '추리推理 능력'을 말합니다. 예를 들어 "모든 사람은 죽는다", "소크라테스는 사람이다"라는 말을 들었다고 합시다. 그러면 이 두 명제로부터 무엇을 추리할 수 있겠습니까? 바로 "소크라테스는 죽는다"는 것입니다. 누구나 (장애가 없다면) 이성을 사용하여 이렇게 추론할 수 있습니다.

일상생활에서 누구나 이런 의미에서의 지성과 이성을 사용합니다. 예를 들어 보겠습니다. 일기예보를 통해서 내일 비가 온다는 소식을 들었다고 합시다. 내일 어디 가기로 계획을 세웠습니다. 자동차를 타고 가더라도 내려서 바깥을 걸어야 하는 상황입니다. 그러면 어떻게 하겠습니까? 우산을 준비하거나 아니면 아예 비를 맞겠다고 생각하고 우산을 가져가지 않거나 둘 중 하나를 선택할 것입니다. 이 경우 "비가 온다", "우산은 비를 막아 준다", "우산을 쓰면 비를 피할 수 있다"와 같이 생각할 수 있는 능력이 지성이고, 이러한 능력을 바탕으로 "비를 맞기

싫으면 우산을 가져가야 한다"고 추리하는 능력이 이성입니다. 지성과 이성을 합쳐서 넓은 의미에서 생각하는 능력이요, 앎의 능력이요, 판단하는 능력이라 부를 수 있습니다.

생각하고 따지고 묻는 것을 좋아하는 사람이 사실은 그렇게 많지 않습니다. 가능하면 생각하지 않고 살기를 원합니다(자기에게 손해될 일이 있으면, 그제야 비로소 열심히 머리를 굴립니다). 그러나 신앙이 있는 사람이든 없는 사람이든, 지성과 이성을 사용하지 않고는 살 수 없다는 것은 누구나 인정하지 않을 수 없습니다. 우리의 신앙에도, 그리고 신앙생활에도 지성과 이성이 필요합니다. 자세히 들여다보면, 우리의 믿음에는 지성과 이성이 중요한 부분으로 그 속에 포함된다는 것을 알게 됩니다.

그런데 앎의 능력, 생각하는 능력을 사용하더라도 예수를 주로 받아들인 사람은, 사물을 보고 생각하고 알고 추론하는 데서 예수를 모르는 사람과 동일할 수 없습니다. 그가 신앙으로, 믿음 가운데 살아가는 동안 같은 지적 능력, 같은 추론 능력을 사용하더라도, 사물을 보되 신앙의 눈으로 보게 되고, 추론을 하되 하나님 나라 관점에서 추론하게 됩니다. 같은 지적 능력이고 추론 능력이되, 지성주의자나 이성주의자처럼 지성이나 이성을 절대화하지 않고, 반지성주의자나 신앙절대주의자들처럼 지성이나 이성을 배격하지 않습니다. 로마서 12장 말씀처럼 우리의 삶 전체를 살아 있는 제물로 하나님께 드릴 때, 지성과 이성을 선한 도구로 사용합니다. 우리가 신앙 안에서 참된 것으로 받아들인 것을 그냥 쌓아두지 않고 삶 속에서 온전히 그것을 따라 살아가기 위해 우리는 묻고 따지고 생각하지 않을 수 없습니다. 이 때문에 안셀무스*는 우리의 믿음을 '앎을 추구하는 믿음,'fides quaerens intellectum, faith seeking understanding이라 표현하였습니다. 믿음은 한번 믿고 '아멘' 했다고 끝나는 것이 아니라, 믿었으면 그 다음에는 무엇을 믿는지, 왜 믿는지, 어떻게 믿어야 할지, 끊임없이 묻고 따지고 알기를 계속 추구해야 한다는 말입니다. 믿음은 지성을 배제하는 것이 아니라, 잘 믿기 위해서 더욱더 지성을 요구합니다.

왜 그렇습니까? 이미 여러 차례 말씀드렸듯이, 믿음은 예수 그리스도를 주로 시인하고 받아들이는 순간에만 제한되지 않는다는 것을 분명히 아는 것이 무엇보다 중요하다고 생각합니다. 믿음은 이 땅과 저 세상에서 살아가는 신앙인의 지속적 삶의 태도이며 삶의 기반입니다. 믿음은 순간적이면서 동시에 지속적입니다. 우리가 예수 그리스도를 우리의 구주로, 우리의

●　이탈리아 태생의 캔터베리 대주교(1033-1109). '스콜라 철학' 형성에 기여했으며 신 존재 증명을 시도한 『프로스로기온』으로 유명하다. 저서로는 『왜 하나님은 사람이 되었는가』 등이 있다.

주로 믿는 순간, 성령 하나님께서 우리 속에 믿음을 생성시켜 주십니다. 이때의 믿음을 저는 '순간적 믿음'이라 불렀습니다. 믿음의 순간을 전후로 해서 우리는 '믿지 않던 사람'에서 '믿는 사람'으로 바뀌게 됩니다. 믿는 사람도 이 땅을 떠날 때까지 믿음이 필요합니다. 바울이 갈라디아서에서 "이제 내가 사는 것은 하나님의 아들을 믿는 믿음 안에서 사는 것"(갈 2:20)이라 말할 때의 믿음입니다. 이 믿음을 저는 '지속적 믿음'이라 불렀습니다. 예수를 믿는 순간의 믿음은 사랑과 소망 가운데서 예수 그리스도와 함께 죽고 함께 살아가는 가운데 지속됩니다. 순간적 믿음에도 그분에 관한 말을 알아듣고 그분을 수용하는 데 지성과 이성이 필요하듯이, 지속적 믿음 가운데 믿음의 삶을 살아가기 위해서는 지성과 이성을 제대로 사용할 수 있어야 합니다. 그렇게 해야 하나님의 말씀을 제대로 알고, 깨닫고, 삶에 제대로 적용할 수 있습니다.

더욱이 성경은 구체적이고 일상적 삶에서 하나님의 자녀로, 하나님의 백성이자 성도로 어떻게 살아야 할 것인지, 어떻게 영광이 오직 하나님께만 있도록 살아갈 것인지 자세하게 기술해 두지 않았습니다. 그러므로 깨닫게 하시고 거룩하게 하시는 성령님의 도움을 통해 하나님의 말씀을 깨닫고 삶에 필요한 것들을 알아내고 적용하는 데 우리의 지성과 이성을 사용해야 합니다. 그러지 않고서는 하나님께서 우리에게 무엇을 원하시는지 알아낼 수 없고, 알았다고 하더라도 서술할 수 없으며, 서술할 수 있더라도 나 자신과 타인을 설득할 수 없습니다. 우리는 하나님의 말씀을 붙들고, 말씀을 통해서, 말씀 안에서 골똘히 생각하고 숙고해야 합니다. 제대로 된 신앙생활에는 읽고, 생각하고, 기도하고, 묻고, 듣고, 민감하게 반응하는 과정이 반드시 개입해야 합니다.

지성주의나 반지성주의는 답이 아니다

그런데 왜 지금까지 사람들이 지성과 이성을 배제해야 제대로 신앙생활을 한다고 생각했을까요? 다시 묻자면, 한국 교회가 반지성주의에 빠진 이유가 무엇입니까? 여러 가지 이유를 생각할 수 있습니다. 무엇보다, **신앙은 지성이나 이성과는 무관하다는 생각**이 반지성주의를 낳았습니다. 신앙은 머리로 생각하고 따지는 것이 아니라 오직 가슴으로 믿는 것이라고 보는 것이지요. 이를 일컬어 흔히 '신앙주의'fideism라 부릅니다. 이성과 지성은 무시하고 '오직 신앙'만을 내세우는 것입니다. '오직 이성'을 내세우는 '이성주의'rationalism에 대한 반발이 이 속에 있습니다. 이성주의뿐만 아니라, 마치 지성으로 모든 것을 다 할 수 있는 것처럼 생각하는 '지성주의'intellectualism 또한 잘못입니다. 신앙주의도 마찬가지로 잘못입니다. 왜냐하면 신앙은 앞에서도 이야기한 것처럼 우리의 지성과 이성을 배제하지 않기 때문입니다.

성경을 보면 모세나 선지자도 끊임없이 논리를 전개하고 있습니다. 예수님도 바리새인이나 서기관들과 논쟁하였습니다. 바울이 데살로니가에 가서 한 일을 보십시오. 사도행전 말씀을 보면 "바울이 자기의 관례대로 그들에게로 들어가서 세 안식일에 성경을 가지고 강론하며"(행 17:2)라고 쓰여 있습니다. 바울은 아테네에 들렀을 때도 "회당에서는 유대인과 경건한 사람들과 또 장터에서는 날마다 만나는 사람들과 변론하"(행 17:17)였습니다. "성경을 가지고 강론하며"와 "사람들과 변론하니"라고 우리말로 번역된 부분은 NIV 성경을 보면 둘 다 "reasoned"라고 번역되어 있습니다. 'Reason' 곧 이성을 쓴 것입니다. 이성을 사용하여 추론하고 논변을 펼치고 토론하였다는 말입니다. 여기에 사용된 헬라어 '디에렉사토'dielexato나 '디아레게토'dialegeto는 모두 논리를 사용해서 말한 것을 두고 붙인 동사입니다. 데살로니가에서 아테네로 향하던 중 들른 베뢰아에서는 성도들이 바울과 실라의 가르침을 받고 "날마다 성경을 상고하"(행 17:11)였다고 전하고 있습니다. 이때 '상고하다'는 말로 번역된 헬라어 '아나크리논테스'anakrinontes는 바울과 실라의 가르침이 참인지 거짓인지를 가려내기 위해 지성과 이성 전체를 온전히 동원해서 철저하게 성경을 검토했다는 말입니다. 이런 예들을 보면서도 지성과 이성을 쓰지 말자고 할 수 있을까요?

지성과 신앙을 분리하게 된 데에는 **잘못된 성속**聖俗 **이원론**도 한몫했다고 저는 생각합니다. 영역이나 직업, 장소를 거룩한 것과 속된 것으로 나누는 것을 두고 잘못된 성속 이원론이라 말합니다. 과거 우리 조상들이 믿었던 것처럼 성황당이 있는 곳은 거룩한 곳이고 우리가 살고 있는 집은 속된 곳이라든지, 성당이나 예배당은 거룩한 곳이고 직장이나 가정은 속된 곳이라든지, 목사나 신부가 되는 것은 성직이고 농사를 짓거나 아이를 키우는 것은 속된 일로 보는 입장입니다. 그러나 하나님께서 온 천하를 지으시고 통치하시며 어떤 일이나 선한 것이라면, 하나님과 무관한 영역이나 일, 무관한 직업이 없다고 보면, 성속 구분을 직업이나 장소나 영역으로 나눌 것이 아니라 일하는 방식, 선택하는 가치, 추구하는 목적을 두고 말해야 할 것입니다. 굳이 개념을 사용해 구분하자면, 전통적 성속 이원론은 실체론적 구분법이며, 그와는 다르게 이해된 성속 구별은 관계론적이고 기능적인 구별이라 할 수 있습니다. 교회나 성당이 도둑의 소굴이 되어 버리면 아무리 거룩해 보이더라도 속된 것보다 더 속된 것이며, 청소하는 일이나 농사짓는 일이 속된 일로 보일지라도 주께 하듯 그 일을 하면 속되게 보일지라도 거룩한 것보다 훨씬 더 거룩한 것이라 말할 수 있습니다.

　잘못된 성속 이원론의 관점에서 보면 지성이나 이성은 세속 사람들의 전유물처럼 오해될 수 있습니다. 거룩한 영역과 직업과 장소는 인간의 지성이나 이성을 초월해 있으므로 이것들이 필요한 이유나 공간이 없는 것처럼 보입니다. 성직을 맡은 사람들의 판단이 중요하고 나의 추구나 나의 생각, 나의 이성적 판단은 오히려 방해가 된다는 생각을 하게 됩니다. 대기업의 중요한 위치에서 일하는 사람도 교회에서 중책을 맡게 되면 항상 목사님께 물어보아야 한다는 생각을 하게 되는 이유입니다. 말씀을 통해 교육받고 참된 신앙의 길을 걸어가는 사람은 말씀과 믿음의 빛 아래서 온전하게 사고하고 판단하고 분별할 수 있어야 하는 것이 당연합니다. 성속 구분을 실체론적으로 하지 않고 '하나님을 위한 것인가, 나의 욕망과 이익을 위한 것인가', '어떤 의도에서 하는 것인가', '어떤 목적으로 쓰는 것인가' 하는 관점에서 보면, 지성과 이성은 유익한 도구로 사용될 수 있습니다. 이것들은 하나님께서 주신 선물입니다. 그러므로 이 선물을 감사하게 받고, 누리고 즐거워하고, 이를 통해 하나님께 영광을 돌리는 것이 믿는 이들에게 요구됩니다.

이제 강의를 마무리하겠습니다. 인간은 하나님의 형상으로 지음받은 존재입니다. 비록 죄로 인해 왜곡되고 크게 훼손되었다고 하더라도 칼뱅이 로마서 1장 바울의 가르침을 근거로 말한 '신 의식'*Sensus Divinitatis, Sense of Divinity* 곧 하나님을 의식하고 지각하는 능력을 사람이면 누구에게나 하나님이 주셨습니다. 그러므로 어떤 사람도 하나님을 알 수 있는 능력이 없다고 주장할 수 없고, 이것을 핑계로 불신앙을 변호할 수가 없습니다. 하나님을 의식하고 지각하는 능력과 더불어, 하나님은 지성과 이성을 통해 알고 이해하고 판단하고 추론할 수 있는 능력을 누구에게나 주셨습니다. 그러므로 신앙의 이름으로 지성과 이성을 무시해서는 안 됩니다. 흔히 주변에서 볼 수 있는 것처럼, 자칫하면 그로 인해 무지몽매주의에 빠지기 쉽습니다. 신앙을 빌미로 자신의 이익을 추구하는 사람뿐만 아니라, 선한 의도를 가졌음에도 몽매주의에 사로잡혀 신앙을 왜곡하는 경우입니다. 믿음을 가진 사람에게 필요한 것은, 앞에서 말했듯이 사람이면 누구나 공통으로 지각할 수 있는 능력 곧 상식입니다. '상식'을 통하여 우리는 하나님이 지은 창조 세계 안에서 타인과 소통하고 타인을 배려하며 남들과 더불어 인간답게 삶을 살아가려고 애쓸 수 있습니다. 우리의 믿음이 묻고 응답하며 실천하는 믿음이 되기 위해서 우리는 성령 하나님의 도우심으로 하나님이 사람에게 주신 공통의 지각 능력인 상식을 회복하고 지성을 회복할 필요가 있습니다.

Q

1 '앎을 추구하는 신앙'은 '자율적 이성'을 추구하는 인본주의나 세속주
  의적 흐름과 어떻게 구분됩니까?

2 신앙과 삶이 분리된 한국 교회의 독특한 문화는 어디에서 기인한 것이
  라 생각합니까? '질문하는 믿음, 응답하는 믿음, 실천하는 믿음'에 대한
  이해가 이런 관점을 바로잡는 데 어떤 유익이 됩니까?

3 신앙과 이성을 서로 대립되는 것으로 보는 한국 교회의 잘못된 관행을
  바로잡기 위해서 어떤 노력이 더 필요할까요?

나가는 말: 나의 심장은 어디로 향하는가

이제 네 차례에 걸친 강의를 마치겠습니다. 이 강의에서 저는 믿음과 관련해서 세 가지를 살펴보았습니다. 무엇보다 우리의 믿음에는 질문이 있어야 한다고 생각합니다. 이 질문은 예수 그리스도에 대한 질문이고, 또한 나에 대한 질문, 우리에 대한 질문입니다. '예수 그리스도가 우리에게 그리고 나에게 누구인가?' 이것은 처음 믿을 때뿐만 아니라 믿음의 삶 가운데 지속적으로 해야 할 질문이라 생각합니다. 두 번째는 응답입니다. 하나님이 부르실 때 '힌네니' 곧 "내가 여기 있습니다"라고 응답하는 믿음입니다. 응답하는 가운데 나의 소명을 발견할 수 있고 하나님이 원하시는 길을 걸어갈 수 있습니다. 세 번째는 실천입니다. 실천 없는 믿음은 야고보의 말대로 죽은 믿음입니다.

신앙 전통에서 실천하는 믿음을 무시한 사람은 아무도 없습니다. 삼단논법 방식을 적용하면 이렇게 말할 수 있습니다. "만일 나에게 참된 믿음이 있다면, 나는 믿음의 열매 곧 사랑을 실천하는 삶을 살게 될 것이다. 그런데 사랑을 실천하는 삶이 나에게 없다. 그러므로 나에게는 참된 믿음이 없다." 아무도 이것이 실제이기를 원하는 사람은 없을 것입니다. 참된 믿음이 있다면, 믿음의 열매가 삶에서 구체적으로 열리게 됩니다. 루터를 따라 말해 보면, 우선 믿음의 첫 열매는 하나님으로부터 의롭게 됨이고, 두 번째로 의롭게 됨으로 인하여 예수 그리스도와 하나 되는 신비로운 연합이 일어나고, 세 번째로 연합으로 인하여 선행의 열매를 맺게 됩니다. 방금 이야기한 '실천 삼단논법'을 따르면, 나에게 선행의 열매가 없다면 나의 믿음이 참된 믿음인지 심사숙고해 봐야 할 일입니다.

그런데 질문, 응답, 실천이 있는 믿음을 위해 저는 지성과 이성의 중요성을 강조하였습니다. 지성과 이성은 2강에서 살펴본 '믿음에 이르는 단계' 가운데서 내적으로 기능하지만, 일단 믿음을 가진 뒤 믿음의 내용과 믿음의 실천을 구체화할 때도 긴요하게 기능합니다. 왜냐하면 믿음은 믿음의 결단을 하는 첫 순간뿐만 아니라 삶의 여정을 걸어가는 동안 평생 지속되는 것이고, 또 그렇게 해야 하는 것이기 때문입니다. 만일 믿음이 있다고 하면서 첫 순간에만 믿음이 있고 그 뒤로는 믿음 없이, 믿음을 통하지 않고 살아간다면, 그러한 삶을 가리켜 우리는 '믿음의 삶'이라 부르지 않을 것입니다. 그러므로 우리는 죽을 때까지 '두려움과 떨림'으로 믿음으로 살아가려고 애써야 할 것입니다. 여기에는 더듬고, 추구하고, 따져 보고, 물어보고, 숙고하고 판단하는 행위가 개입됩니다. 하박국의 "의인은 믿음으로 살리라"(합 2:4)는 말을 바울은 우리가 흔히 '칭의론'이라 부르는 이론의 근거로 해석하였습니다. 이 해석을 수용합니다. 그럼에도 하박국 선지자의 의도는 여기에만 그치지 않고, 오히려 이보다 앞서, 하나님께 대적하고 악인들의 꾀와 삶의 방식을 따라가는 사람들과는 달리, (우리가 시편에서 수없이 읽는 것처럼) 야웨의 율법을 주야로 묵상하는 의인은 한 평생 삶을 오직 야웨 하나님께 의지하고 하나님만 신뢰하고 자신의 삶을 온전히 하나님께 맡기는 믿음으로 살아가는 것에 있다고 생각합니다. 믿음은 하나님께서 그것을 보고 우리를 의롭다고 여겨 주시는 것이면서, 동시에 우리가 오직 삼위 하나님께만 두는 신뢰요, 의탁이요, 그로 인해 체득한 삶의 깊은 지식이요, 지혜입니다.

　앞에서 저는 믿음에서 지성과 이성의 중요성을 이야기하였습니다. 그러나 지성과 이성이 믿음의 최종 바탕일 수 없다는 것도 분명하게 이야기해 두어야겠습니다. 지성과 이성은 우리가 제대로 신앙생활을 하려 할 때 반드시 필요하고 요긴하고 제대로 충분히 활용해야 할 자원입니다. 그러나 그것이 우리가 몸담고 있는 교회 안에서 너무 무시되기에 강조했을 뿐입니다. 오히려 우리의 믿음이 제대로 실천되고 제대로 방향을 찾아 나가기 위해서는 지성과 이성보다 한층 더 밑바닥으로 내려가야 한다고 저는 생각합니다. 결국 **우리의 심장, 우리의 가슴, 하나님 나라에 대한 열망**이 더욱 필요합니다. 왜 그런지 잠시 설명해 보겠습니다.

믿음에는 분명 실천이 중요합니다. 그런데 실천을 하려면 알지 않고는 할 수 없습니다. 제대로 실천하기 위해서는 알아야 합니다. 그런데 알았다고 해서 곧장 실천이 되는 것은 아닙니다. 알면서도 실천에 옮기지 못하는 경우가 허다합니다. "마음에는 원이로되 육신이 약하도다"라고 말을 하지만, 사실은 마음이나 육신이 문제가 아니라 마음과 육신을 움직이는 가슴이 문제입니다. 몸의 비유를 들자면, 지성과 이성은 머리입니다. 실천은 손발입니다. 그런데 머리와 손발이 곧장 이어지지 않습니다. 가슴이 그 사이에 들어와 머리와 손발을 연결시켜 주어야 합니다. 결국 이 가슴, 이 심장, 이것이 우리에게 문제입니다.

이 가슴, 이 심장이 무엇입니까? 『고백론』제1권 제1장에서 아우구스티누스가 "하나님, 하나님께서 우리를 하나님을 향하도록*ad te* 지으셨기 때문에 하나님 안에서*in te* 안식을 얻기까지는 우리의 심장*cor nostrum*이 쉼을 얻지 못합니다"라고 했을 때, 칼뱅이 "주여, 나의 심장을 곧장, 신실하게 당신께 바칩니다"*Cor meum offero, Domine, prompte et sincere*라고 했을 때, 파스칼*이 "하나님이 아니고는 우리에게 채울 수 없는 진공이 있다"거나 "우리의 심장*coeur*에는 이성*raison*이 모르는 또 다른 이성*raison, 이유, 근거*이 있다"고 했을 때의 심장입니다. 영어로는 'Heart'이며, 우리말로는 '마음'입니다.

　예레미야 선지자는 이스라엘 백성들의 문제는 그들의 심장이, 그들의 마음이 하나님을 떠난 데 있다고 보았습니다. 그래서 그들에게 저주를 선언합니다. "무릇 사람을 믿으며 육신으로 그의 힘을 삼고 마음이 여호와에게서 떠난 그 사람은 저주를 받을 것이라"(렘 17:5). 그와 달리 마음이, 그 심장이 하나님께로 향한 사람은 마치 시냇가에 심은 나무처럼 가뭄이 와도 두려워하지 않을 것이라고 말합니다(렘 17:8). 이때 마음 또는 심장은 우리의 지성과 감성과 의지를 하나로 통합하는 우리 삶의 중심, 우리의 육신과 우리의 영을 통합하는 삶의 중심을 일

●　프랑스의 수학자이자 물리학자, 철학자이자 기독교 변증가(1623-1662). 예수회의 윤리에 대해 비판했으며 기독교 신앙을 변증하기 위해 준비한 메모로 유명하다. 이 메모는 후에 『팡세』라는 제목으로 출판되었다.

컫는 말로 저는 이해합니다. 믿음 곧 신뢰의 좌소, 신뢰의 자리를 찾는다면 여기 이 중심에서 찾아야 할 것입니다. 루터는 『대요리문답』에서 십계명 제1계명을 해설할 때 우리의 마음, 우리의 심장Herz이 믿음과 신뢰를 두는 것, 그것이 우리에게 곧 신神이 된다고 말합니다. 무엇을 신뢰하고 무엇을 열망하는가가 문제입니다.

예수님은 산 위에서 설교를 하실 때 이 심장이 표현되는 방식을 '섬김', '헌신', '사랑함' '미워함' 등으로 표현하였습니다(마 6:19-54). 돈이냐 하나님이냐를 논할 때 하신 말씀입니다. 우리가 할 수 있는 것은 하나님을 섬기고 사랑하거나, 아니면 돈을 섬기고 사랑하는 것 외에 다른 선택이 없다고 하십니다. 이렇게 보면 믿음의 저 깊은 가장 밑바탕은 사랑과 연결되어 있을 수밖에 없습니다. 내가 무엇을 믿는가, 왜 믿는가, 어떻게 믿는가 하는 것은 **내가 무엇을 사랑하는가** 하는 문제입니다. 결국 사랑의 문제입니다. 무엇을 사랑하는가? 무엇을 열망하는가? 하나님 나라를 열망하는가? 다시 말해 하나님을 사랑하는가, 아니면 다른 것을 사랑하는가? 사랑의 문제는 다시 예배의 문제로 표현할 수 있습니다. 누구를 예배하는가? 교회 안에서뿐만 아니라 교회 바깥에서, 세상 속에서, 정치적 선택에서, 경제 행위에서, 교육과 관련된 행동에서, 일상의 삶 속에서 나는 정말 누구를 예배하는가? 누구를 섬기는가? 누구에게 소망을 두는가? 누가 나의 주인인가? 누가 나에게 어젠다를 설정하며, 나의 돈과 힘과 시간을 쓰게 하며, 나의 심장, 나의 가슴을 움직이는가? 나의 심장은 어디로 향하는가? 세속 속의 성공에 대한 욕망인가, 하나님의 나라를 열망하고 추구하는 믿음인가?

우리가 살고 있는 시대는 우리의 열망, 우리의 심장을 요구하는 것들이 많이 있습니다. 오늘의 과학과 기술이, 오늘의 예술이, 오늘의 정치가 우리의 가슴을 뛰게 하고 열정을 요구합니다. 음식과 여행과 취미 생활도 우리의 심장을 요구할 수 있습니다. 우리에게 친밀성을 제공해 주고 우리에게 안정감과 행복감을 줄 수 있는 것처럼 우리를 유혹하는 것들이 주변에 많습니다. 그럼에도 성부와 성자와 성령 하나님께 우리의 믿음과 신뢰를 두고, 오직 그분께만 소망을 두며, 그분만을 사랑하는 것이 모든 우상으로부터 벗어나 우리의 삶을 행복하게 사는 길이라 저는 생각합니다. 왜냐하면 이 땅에 있는 것들, 우리에게 신이 되어 줄 것처럼 약속하는 모든 것은 그 자체가 목적이 될 경우, 우리의 마음을 요구하고 우리의 궁극적 헌신을 요구하기 때문입니다. 참 신, 참 하나님을 믿고 그분께만 소망을 두고, 그분을 사랑할 때, 우리가 가진 돈이나 건강, 외모, 학벌, 지식, 재능을 하나님이 주신 선물로 누리며 귀하게 사용할 수 있습니다.

따라서 믿는다는 것이 무엇인가, 누구를, 어떻게 믿을 것인가 하는 물음은 이론에 그치지 않고, 우리 삶의 실천에 매우 중요한 물음입니다. 여러분의 평안을 빕니다.

하나님이여,

사슴이 시냇물을 찾기에 갈급함 같이

내 영혼이 주를 찾기에 갈급하니이다.

시 42:1

내 영혼이 여호와의 궁정을 사모하여 쇠약함이여

내 마음과 육체가 살아 계시는 하나님께 부르짖나이다.

시 84:2

찾아보기

● 성구 · 주제 · 인명